HISTOIRE DES ORACLES

BERNARD LE BOUYER DE
FONTENELLE

TABLE DES MATIÈRES

Préface   1

PREMIERE DISSERTATION
Que les oracles n'ont point été rendus par les démons.

CHAPITRE PREMIER	5
CHAPITRE II	8
CHAPITRE III	10
CHAPITRE IV	13
CHAPITRE V	21
CHAPITRE VI	25
CHAPITRE VII	29
CHAPITRE VIII	35
CHAPITRE IX	40
CHAPITRE X	44
CHAPITRE XI	48
CHAPITRE XII	52
CHAPITRE XIII	56
CHAPITRE XIV	60
CHAPITRE XV	64
CHAPITRE XVI	68
CHAPITRE XVII	71
CHAPITRE XVIII	73

DEUXIEME DISSERTATION
Que les oracles n'ont point cessé au temps de la venue de Jésus-Christ.

CHAPITRE PREMIER	79
CHAPITRE II	84
CHAPITRE III	86
CHAPITRE IV	92
CHAPITRE V	102

CHAPITRE VI 108
CHAPITRE VII 110

Sur Fontenelle 113

PRÉFACE

Mon dessein n'est pas de traiter directement l'Histoire des Oracles ; je ne me propose que de combattre l'opinion commune qui les attribue aux démons et les fait cesser à la venue de Jésus-Christ ; mais, en la combattant, il faudra nécessairement que je fasse toute l'histoire des oracles, et que j'explique leur origine, leur progrès, les différentes manières dont ils se rendaient, et enfin leur décadence, avec la même exactitude que si je suivais, dans ces matières, l'ordre naturel et historique.

Il n'est pas surprenant que les effets de la nature donnent bien de la peine aux philosophes. Les principes en sont si bien cachés, que la raison humaine ne peut presque, sans témérité, songer à les découvrir ; mais quand il n'est question que de savoir si les oracles ont pu être un jeu et un artifice des prêtres païens, où peut être la difficulté ? Nous qui sommes hommes, ne savons-nous pas bien jusqu'à quel point d'autres hommes ont pu être ou imposteurs, ou dupes ? Surtout quand il n'est question que de savoir en quel temps les oracles ont cessé, d'où peut naître le moindre sujet de douter ? Tous les livres sont pleins d'oracles. Voyons en quel temps ont été rendus les derniers dont nous ayons connaissance.

Mais nous n'avons garde de permettre que la décision des choses soit si facile : nous y faisons entrer des préjugés qui y forment des embarras bien plus grands que ceux qui s'y fussent trouvés naturellement ; et ces difficultés, qui ne viennent que de notre part, sont celles dont nous avons nous-mêmes le plus de peine à nous démêler.

L'affaire des oracles n'en aurait pas, à ce que je crois, de bien considérables, si nous ne les y avions mises. Elle était de sa nature une affaire de religion chez les païens ; elle en est devenue une sans nécessité chez les chrétiens ; et de toutes parts on l'a chargée de préjugés qui ont obscurci des vérités fort claires.

J'avoue que les préjugés ne sont pas communs d'eux-mêmes à la vraie et aux fausses religions. Ils règnent nécessairement dans celles qui ne sont l'ouvrage que de l'esprit humain : mais dans la vraie, qui est un ouvrage de Dieu seul, il ne s'y en trouverait jamais aucun, si ce même esprit humain pouvait s'empêcher d'y toucher et d'y mêler quelque chose du sien. Tout ce qu'il y ajoute de nouveau, que serait-ce que des préjugés sans fondement ? Il n'est pas capable d'ajouter rien de réel et de solide à l'ouvrage de Dieu.

Cependant ces préjugés, qui entrent dans la vraie religion, trouvent, pour ainsi dire, le moyen de se faire confondre avec elle, et de s'attirer un respect qui n'est dû qu'à elle seule. On n'ose les attaquer, de peur d'attaquer quelque chose de sacré. Je ne reproche point cet excès de religion, je les en loue, mais enfin, quelque louable que soit cet excès, on ne peut disconvenir que le juste milieu ne vaille encore mieux, et qu'il ne soit plus raisonnable de démêler l'erreur d'avec la vérité, que de respecter l'erreur mêlée avec la vérité.

Le christianisme a toujours été par lui-même en état de se passer de fausses preuves ; mais il y est encore présentement plus que jamais, par les soins que de grands hommes de ce siècle ont pris de l'établir sur ses véritables fondements, avec plus de force que les anciens n'avaient jamais fait. Nous devons être remplis, sur notre religion, d'une confiance qui nous fasse rejeter de faux avantages qu'un autre parti que le nôtre pourrait ne pas négliger.

Sur ce pied-là, j'avance hardiment que les oracles, de quelque nature qu'ils aient été, n'ont point été rendus par les démons, et qu'ils n'ont point cessé à la venue de Jésus-Christ. Chacun de ces deux points mérite bien une dissertation.

PREMIERE DISSERTATION

QUE LES ORACLES N'ONT POINT ÉTÉ RENDUS PAR LES DÉMONS.

Il est constant qu'il y a des démons, des génies malfaisants, et condamnés à des tourments éternels ; la religion nous l'apprend. La raison nous apprend ensuite que ces démons ont pu rendre des oracles, si Dieu le leur a permis. Il n'est question que de savoir s'ils ont reçu de Dieu cette permission.

Ce n'est donc qu'un point de fait dont il s'agit ; et, comme ce point de fait a uniquement dépendu de la volonté de Dieu, il était de nature à nous devoir être révélé, si la connaissance nous en eût été nécessaire.

Mais l'Écriture sainte ne nous apprend en aucune manière que les oracles aient été rendus par les démons, et dès lors nous sommes en liberté de prendre parti sur cette matière ; elle est du nombre de celles que la sagesse divine a jugées assez indifférentes pour les abandonner à nos disputes.

Cependant les avis ne sont point partagés ; tout le monde tient qu'il y a eu quelque chose de surnaturel dans les oracles. D'où vient cela ? La raison en est bien aisée à trouver, pour ce qui regarde le temps présent. On a cru, dans les premiers siècles du christianisme, que les oracles étaient rendus par les démons : il ne nous en faut pas davantage pour le croire aujourd'hui. Tout ce qu'ont dit les anciens, soit bon, soit mauvais, est sujet à être bien répété ; et ce qu'ils n'ont pu eux-mêmes prouver par des raisons suffisantes, se prouve à présent par leur autorité seule. S'ils ont prévu cela, ils ont bien fait de ne pas se donner toujours la peine de raisonner si exactement.

Mais pourquoi tous les premiers chrétiens ont-ils cru que les oracles avaient quelque chose de surnaturel ? Recherchons-en présentement les raisons, nous verrons ensuite si elles étaient assez solides.

CHAPITRE PREMIER

Première raison: pourquoi les anciens chrétiens ont cru que les oracles étaient rendus par les démons. — Les histoires surprenantes qui couraient sur le fait des oracles et des génies.

L'antiquité est pleine de je ne sais combien d'histoires surprenantes et d'oracles qu'on croit ne pouvoir attribuer qu'à des génies. Nous n'en rapporterons que quelques exemples, qui représenteront tout le reste.

Tout le monde sait ce qui arriva au pilote Thamus. Son vaisseau étant un soir vers de certaines îles de la mer Égée, le vent cessa tout à fait. Tous les gens du vaisseau étaient bien éveillés ; la plupart même passaient le temps à boire les uns avec les autres, lorsqu'on entendit tout d'un coup une voix qui venait des îles, et qui appelait Thamus. Thamus se laissa appeler deux fois sans répondre ; mais à la troisième il répondit. La voix lui commanda que, quand il serait arrivé à un certain lieu, il criât que le grand Pan était mort. Il n'y eut personne qui ne fût saisi de frayeur et d'épouvante. On délibérait si Thamus devait obéir à la voix : mais Thamus conclut que si, quand ils seraient arrivés au lieu marqué, il faisait assez de vent pour passer outre, il ne fallait rien dire ; mais que si un calme les arrêtait là, il fallait s'acquitter de l'ordre qu'il avait reçu. Il ne manqua point d'être surpris d'un calme à cet endroit-là, et aussitôt il se mit à crier de toute sa force que le grand Pan était mort. À peine avait-il cessé de parler, que l'on entendit de tous côtés des plaintes et des gémissements, comme d'un grand nombre de personnes surprises et affligées de cette nouvelle. Tous ceux qui étaient dans le vaisseau furent témoins de l'aventure. Le bruit s'en répandit en peu de temps jusqu'à Rome ; et l'empereur Tibère, ayant voulu voir Thamus lui-même, assembla des gens savants dans la théologie païenne, pour apprendre d'eux qui était ce grand Pan ; et il fut conclu que c'était le fils de Mercure et de Pénélope. C'est ainsi que, dans le dialogue où Plutarque traite des oracles qui ont cessé, Cléombrote conte cette histoire, et dit qu'il la tient d'Épithersès, son maître de grammaire, qui était dans le vaisseau de Thamus lorsque la chose arriva.

Thulis fut un roi d'Égypte, dont l'empire s'étendait jusqu'à l'Océan. C'est lui, à ce qu'on dit, qui donna le nom de Thulé à l'île qu'on appelle présentement Islande. Comme son empire allait apparemment jusque-là, il était d'une belle étendue. Ce roi, enflé de ses succès et de sa prospérité, alla à l'oracle de Sérapis, et lui dit :

— Toi qui es le maître du feu, et qui gouvernes le cours du ciel, dis-moi la vérité. Y a-t-il jamais eu et y aura-t-il jamais quelqu'un aussi puissant que moi ?

L'oracle lui répondit :

— Premièrement Dieu, ensuite la parole et l'esprit avec eux, tous s'assemblant en un, dont le pouvoir ne peut finir. Sors d'ici promptement, mortel, dont la vie est toujours incertaine.

Au sortir de là, Thulis fut égorgé.

Eusèbe a tiré des écrits mêmes de Porphyre, ce grand ennemi des chrétiens, les oracles suivants :

1. Gémissez, trépieds, Apollon vous quitte ; il vous quitte, forcé par une lumière céleste. Jupiter a été, il est, et il sera. Ô grand Jupiter ! hélas ! mes fameux oracles ne sont plus.

2. La voix ne peut revenir à la prêtresse : elle est déjà condamnée au silence depuis longtemps. Faites toujours à Apollon des sacrifices dignes d'un Dieu.

3. Malheureux prêtre, disait Apollon à son prêtre, ne m'interroge plus sur le divin Père, ni sur son Fils unique, ni sur l'Esprit qui est

l'âme de toutes choses. C'est cet Esprit qui me chasse à jamais de ces lieux.

Auguste, déjà vieux, et songeant à se choisir un successeur, alla consulter l'oracle de Delphes. L'oracle ne répondait point, quoique Auguste n'épargnât pas les sacrifices. À la fin cependant il en tira cette réponse : « L'enfant hébreu, à qui tous les dieux obéissent, me chasse d'ici, et me renvoie dans les enfers. Sors de ce temple sans parler. »

Il est aisé de voir que sur de pareilles histoires, on n'a pas pu douter que les démons ne se mêlassent des oracles. Ce grand Pan qui meurt sous Tibère, aussi bien que Jésus-Christ est le maître des démons, dont l'empire est ruiné par cette mort d'un Dieu si salutaire à l'univers ; ou si cette explication ne vous plaît pas, car enfin on peut, sans impiété, donner des sens contraires à une même chose, quoiqu'elle regarde la religion, ce grand Pan est Jésus-Christ lui-même, dont la mort cause une douleur et une consternation générales parmi les démons, qui ne peuvent plus exercer leur tyrannie sur les hommes. C'est ainsi qu'on a trouvé moyen de donner à ce grand Pan deux faces bien différentes.

L'oracle rendu au roi Thulis, un oracle si positif sur la sainte Trinité, peut-il être une fiction humaine ? Comment le prêtre de Sérapis aurait-il deviné un si grand mystère, inconnu alors à toute la terre et aux Juifs mêmes ?

Si ces autres oracles eussent été rendus par des prêtres imposteurs, qui obligeait ces prêtres à se discréditer eux-mêmes et à publier la cessation de leurs oracles ? N'est-il pas visible que c'étaient des démons que Dieu même forçait à rendre témoignage à la vérité ? De plus, pourquoi les oracles cessaient-ils, s'ils n'étaient rendus que par des prêtres ?

CHAPITRE II

Seconde raison des anciens chrétiens pour croire les oracles surnaturels. — Convenance de cette opinion avec le système du christianisme.

Les démons étant une fois constants par le christianisme, il a été assez naturel de leur donner le plus d'emploi qu'on pouvait, et de ne les pas épargner pour les oracles et les autres miracles païens qui semblaient en avoir besoin. Par là, on se dispensait d'entrer dans la discussion des faits, qui eût été longue et difficile ; et tout ce qu'ils avaient de surprenant et d'extraordinaire, on l'attribuait à ces démons que l'on avait en main. Il semblait qu'en leur rapportant ces événements on confirmât leur existence et la religion même qui nous la révèle.

De plus, il est certain que, vers le temps de la naissance de Jésus-Christ, il est souvent parlé de la cessation des oracles, même dans les auteurs profanes. Pourquoi ce temps-là plutôt qu'un autre avait-il été destiné à leur anéantissement ? Rien n'est plus aisé à expliquer, selon le système de la religion chrétienne. Dieu avait fait son peuple du peuple juif, et avait abandonné l'empire du reste de la terre aux démons jusqu'à l'arrivée de son Fils : mais alors il les dépouille du pouvoir qu'il leur avait laissé prendre, il veut que tout fléchisse sous

Jésus-Christ, et que rien ne fasse obstacle à l'établissement de son royaume sur les nations. Il y a je ne sais quoi de si heureux dans cette pensée, que je ne m'étonne pas qu'elle ait eu beaucoup de cours ; c'est une de ces choses à la vérité desquelles on est bien aise d'aider, et qui persuadent, parce qu'on y est favorable.

CHAPITRE III

Troisième raison des anciens chrétiens. — Convenance de leur opinion avec la philosophie de Platon.

Jamais philosophie n'a été plus à la mode qu'y fut celle de Platon chez les chrétiens, pendant les premiers siècles de l'Église. Les païens se partageaient encore entre les différentes sectes de philosophies : mais la conformité que l'on trouva qu'avait le platonisme avec la religion mit dans cette seule secte presque tous les chrétiens savants. De là vient l'estime prodigieuse dont on s'entêta pour Platon ; on le regardait comme une espèce de prophète, qui avait deviné plusieurs points importants du christianisme, surtout la sainte Trinité, que l'on ne peut guère nier qui ne soit assez clairement contenue dans ses écrits. Aussi ne manqua-t-on pas de prendre ses ouvrages pour des commentaires de Écriture, et de concevoir la nature du Verbe comme il l'avait conçue. Il se figurait Dieu tellement élevé au-dessus des créatures, qu'il ne croyait pas qu'elles pussent être sorties immédiatement de ses mains, et il mettait entre elles et lui ce Verbe, comme un degré par lequel l'action de Dieu pût passer jusqu'à elles. Les chrétiens prirent cette même idée de Jésus-Christ ; et c'est là peut-être la cause pourquoi jamais hérésie n'a été ni plus généralement embrassée, ni soutenue avec plus de chaleur que l'arianisme.

Ce platonisme donc, qui semblait faire honneur à la religion chrétienne, lorsqu'il lui était favorable, se trouva tout plein de démons ; et de là ils se répandirent aisément dans le système que les chrétiens imaginèrent sur les oracles.

Platon veut que les démons soient d'une nature moyenne entre celle des dieux et celle des hommes ; que ce soient des génies aériens destinés à faire tout le commerce des dieux et de nous ; que, quoiqu'ils soient proches de nous, nous ne les puissions voir ; qu'ils pénètrent dans toutes nos pensées, qu'ils aient de l'amour pour les bons et de la haine pour les méchants, et que ce soit en leur honneur qu'on a établi tant de cérémonies différentes.

Il ne paraît point par là que Platon reconnût de mauvais démons, auxquels on pût donner le soin des fourberies des oracles. Plutarque, dans le dialogue des oracles qui ont cessé, assure cependant qu'il en reconnaissait ; et, à l'égard des platoniciens, la chose est hors de doute. Eusèbe, dans sa Préparation évangélique, rapporte quantité de passages de Porphyre, où ce philosophe païen assure que les mauvais démons sont les auteurs des enchantements, des philtres et des maléfices ; qu'ils ne font que tromper nos yeux par des spectres et par des fantômes ; que le mensonge est essentiel à leur nature ; qu'ils excitent en nous la plupart de nos passions ; qu'ils ont l'ambition de vouloir passer pour des dieux ; que leurs corps aériens et spirituels se nourrissent de suffumigation, de sang répandu, et de la graisse des sacrifices ; qu'il n'y a qu'eux qui se mêlent de rendre des oracles, et à qui cette fonction, pleine de tromperie soit tombée en partage ; et enfin à la tête de cette troupe de mauvais démons, il met Hécate et Sérapis.

Jamblique, autre platonicien, en dit autant ; et comme la plupart de ces choses-là sont vraies, les chrétiens reçurent le tout avec joie, et y ajoutèrent même un peu du leur, selon Tertullien, dans son Apologétique : par exemple, que les démons dérobaient, dans les écrits des prophètes, quelque connaissance de l'avenir, et puis s'en faisaient honneur dans leurs oracles.

Ce système des chrétiens avait cela de commode, qu'il découvrait aux païens, par leurs propres principes, l'origine de leur faux culte, et la source de l'erreur où ils avaient toujours été. Ils étaient persuadés qu'il y avait quelque chose de surnaturel dans leurs oracles ; et les chrétiens qui avaient à disputer contre eux, ne songeaient point à leur ôter cette pensée. Les démons, dont on convenait de part et d'autre, servaient à expliquer tout ce surnaturel. On reconnaissait cette espèce de miracle ordinaire qui s'était fait dans la religion des païens : mais on leur en faisait perdre tout l'avantage par les auteurs auxquels on l'attribuait : et cette voie était bien plus courte et plus aisée que celle de contester le miracle même par une longue suite de recherches et de raisonnements.

Voilà comment s'établit, dans les premiers siècles de l'Église, l'opinion qu'on y prit sur les oracles des païens. Je pourrais aux trois raisons que j'ai apportées, en ajouter une quatrième, aussi bonne peut-être que toutes les autres ; c'est que dans le système des oracles rendus par les démons, il y a du merveilleux ; et si on a un peu étudié l'esprit humain, on sait quelle force le merveilleux a sur lui. Mais je ne prétends pas m'étendre sur cette réflexion : ceux qui y entreront m'en croiront bien, sans que je me mette en peine de la prouver, et ceux qui n'y entreront pas, ne m'en croiraient pas peut-être après toutes mes preuves.

Examinons présentement, l'une après l'autre, les raisons qu'on a eues de croire les oracles surnaturels.

CHAPITRE IV

Que les histoires surprenantes qu'on débite sur les oracles doivent être fort suspectes.

Il serait difficile de rendre raison des histoires et des oracles que nous avons rapportés, sans avoir recours aux démons ; mais aussi tout cela est-il bien vrai ? Assurons-nous bien du fait, avant que de nous inquiéter de la cause. Il est vrai que cette méthode est bien lente pour la plupart des gens qui courent naturellement à la cause, et passent par-dessus la vérité du fait ; mais enfin nous éviterons le ridicule d'avoir trouvé la cause de ce qui n'est point.

Ce malheur arriva si plaisamment sur la fin du siècle passé à quelques savants d'Allemagne, que je ne puis m'empêcher d'en parler ici.

« En 1593, le bruit courut que, les dents étant tombées à un enfant de Silésie âgé de sept ans, il lui en était venu une d'or à la place d'une de ses grosses dents. Horstius, professeur en médecine dans l'université de Helmstad, écrivit, en 1595, l'histoire de cette dent, et prétendit qu'elle était en partie naturelle, en partie miraculeuse, et qu'elle avait été envoyée de Dieu à cet enfant pour consoler les chrétiens affligés par les Turcs ! Figurez-vous quelle consolation, et quel rapport de cette dent aux chrétiens ni aux Turcs ! En la même année, afin que cette dent d'or ne manquât pas d'historiens, Rullandus en écrit l'histoire. Deux ans après, Ingolsteterus, autre savant, écrit contre le sentiment que Rullandus avait de la dent d'or, et Rullandus fait aussitôt une belle et docte réplique. Un autre grand homme, nommé Libavius, ramasse tout ce qui avait été dit de la dent, et y ajoute son sentiment particulier. Il ne manquait autre chose à tant de beaux ouvrages, sinon qu'il fût vrai que la dent était d'or. Quand un orfèvre l'eut examinée, il se trouva que c'était une feuille d'or appliquée à la dent, avec beaucoup d'adresse : mais on commença par faire des livres, et puis on consulta l'orfèvre. »

Rien n'est plus naturel que d'en faire autant sur toutes sortes de matières. Je ne suis pas si convaincu de notre ignorance par les choses qui sont, et dont la raison nous est inconnue, que par celles qui ne sont point, et dont nous trouvons la raison. Cela veut dire que, non seulement nous n'avons pas les principes qui mènent au vrai, mais que nous en avons d'autres qui s'accommodent très bien avec le faux.

De grands physiciens ont fort bien trouvé pourquoi les lieux souterrains sont chauds en hiver, et froids en été. De plus grands physiciens ont trouvé depuis peu que cela n'était pas.

Les discussions historiques sont encore plus susceptibles de cette sorte d'erreur. On raisonne sur ce qu'ont dit les historiens ; mais ces historiens n'ont-ils été ni passionnés, ni crédules, ni mal instruits, ni négligents ? Il en faudrait trouver un qui eût été spectateur de toutes choses, indifférent et appliqué.

Surtout quand on écrit des faits qui ont liaison avec la religion, il est assez difficile que, selon le parti dont on est, on ne donne à une fausse religion des avantages qui ne lui sont point dus, ou qu'on ne donne à la vraie de faux avantages dont elle n'a pas besoin. Cependant on devrait être persuadé qu'on ne peut jamais ajouter de la vérité à celle qui est vraie, ni en donner à celles qui sont fausses.

Quelques chrétiens des premiers siècles, faute d'être instruits ou convaincus de cette maxime, se sont laissés aller à faire, en faveur du christianisme, des suppositions assez hardies, que la plus saine partie des chrétiens ont ensuite désavouées. Ce zèle inconsidéré a produit une infinité de livres apocryphes, auxquels on donnait des noms d'auteurs païens ou juifs ; car comme l'Église avait affaire à ces deux sortes d'ennemis, qu'y avait-il de plus commode que de les battre avec leurs propres armes, en leur présentant des livres qui, quoique faits, à ce qu'on prétendait, par des gens de leur parti, fussent néanmoins très avantageux au christianisme ? Mais, à force de vouloir tirer de ces ouvrages supposés un grand effet pour la religion, on les a empêchés d'en faire aucun. La clarté dont ils sont les trahit, et nos mystères y sont si nettement développés, que les prophètes de l'Ancien et du Nouveau Testament n'y auraient rien entendu auprès de ces auteurs juifs et païens. De quelque côté qu'on se puisse tourner pour sauver ces livres, on trouvera toujours, dans ce trop de clarté, une difficulté insurmontable. Si quelques chrétiens étaient bien capables de supposer des livres aux païens ou aux juifs, les hérétiques ne faisaient point de façon d'en supposer aux orthodoxes. Ce n'étaient que faux évangiles, fausses épîtres d'apôtres, fausses histoires de leurs vies ; et ce ne peut être que par un effet de la providence divine que la vérité s'est démêlée de tant d'ouvrages apocryphes qui l'étouffaient.

Quelques grands hommes de l'Église ont été quelquefois trompés, soit aux suppositions des hérétiques contre les orthodoxes, soit à celles des chrétiens contre les païens ou les juifs, mais plus souvent à ces dernières. Ils n'ont pas toujours examiné d'assez près ce qui leur semblait favorable à la religion ; l'ardeur avec laquelle ils combattaient pour une si bonne cause ne leur laissait pas toujours la liberté de choisir assez bien leurs armes. C'est ainsi qu'il leur arrive quelquefois de se servir des livres des sibylles, ou de ceux d'Hermès Trismégiste, roi d'Égypte.

On ne prétend point par là affaiblir l'autorité, ni attaquer le mérite de ces grands hommes. Après qu'on aura remarqué toutes les méprises où ils peuvent être tombés sur un certain nombre de faits, il leur restera une infinité de raisonnements solides, et de belles découvertes, sur quoi on ne les peut assez admirer. Si avec les vrais titres de notre religion ils nous en ont laissé d'autres qui peuvent être suspects, c'est à nous à ne recevoir d'eux que ce qui est légitime, et à pardonner à leur zèle de nous avoir fourni plus de titres qu'il ne nous en faut.

Il n'est pas surprenant que ce même zèle les ait persuadés de la vérité de je ne sais combien d'oracles avantageux à la religion, qui coururent dans les premiers siècles de l'Église. Les auteurs des livres des sibylles et de ceux d'Hermès ont bien pu l'être aussi de ces oracles ; du moins il était plus aisé d'en supposer que des livres entiers.

L'histoire de Thamus est païenne d'origine ; mais Eusèbe et d'autres grands hommes lui ont fait l'honneur de la croire. Cependant elle est immédiatement suivie, dans Plutarque, d'un autre conte si ridicule, qu'il suffirait pour la décréditer entièrement. Démétrius dit dans cet endroit que la plupart des îles qui sont vers l'Angleterre sont désertes, et consacrées à des démons et à des héros ; qu'ayant été envoyé par l'empereur pour les reconnaître, il aborda à une de celles qui étaient habitées, que peu de temps après qu'il y fut arrivé, il y eut une tempête et des tonnerres effroyables, qui firent dire aux gens du pays qu'assurément quelqu'un des principaux démons venait de mourir, parce que leur mort était toujours accompagnée de quelque chose de funeste. À cela, Démétrius ajoute que l'une de ces îles est la prison de Saturne, qui y est gardé par Briarée, et enseveli dans un sommeil perpétuel, ce qui rend, ce me semble, le géant assez inutile pour sa garde, et qu'il est environné d'une infinité de démons, qui sont à ses pieds comme esclaves.

Ce Démétrius ne faisait-il pas des relations bien curieuses de ses voyages ? Et n'est-il pas beau de voir un philosophe comme Plutarque nous conter froidement ces merveilles ? Ce n'est pas sans raison qu'on a nommé Hérodote le père de l'histoire. Toutes les histoires grecques, qui, à ce compte-là sont ses filles, tiennent beaucoup de son génie ; elles ont peu de vérité, mais beaucoup de merveilleux et de choses amusantes. Quoi qu'il en soit, l'histoire de Thamus serait presque suffisamment réfutée, quand elle n'aurait point d'autre défaut que celui de se trouver dans un même traité avec les démons de Démétrius.

Mais, de plus, elle ne peut recevoir un sens raisonnable. Si ce grand Pan était un démon, les démons ne pouvaient-ils se faire savoir sa mort les uns aux autres sans y employer Thamus ? N'ont-ils point d'autres voies pour s'envoyer des nouvelles, et d'ailleurs sont-ils si imprudents que de révéler aux hommes leurs malheurs et la faiblesse de leur nature ? Dieu les y forçait, direz-vous. Dieu avait donc un dessein ; mais voyons ce qui s'ensuivit. Il n'y eut personne qui se désabusât du paganisme pour avoir appris la mort du grand Pan. Il fut arrêté que c'était le fils de Mercure et de Pénélope, et non pas celui que l'on reconnaissait en Arcadie pour le Dieu de tout, ainsi que son nom le porte. Quoique la voix eût nommé le grand Pan, cela s'entendit pourtant du petit Pan ; sa mort ne tira guère à conséquence, et il ne paraît pas qu'on y ait eu grand regret.

Si ce grand Pan était Jésus-Christ, les démons n'annoncèrent aux hommes une mort si salutaire que parce que Dieu les y contraignait. Mais qu'en arriva-t-il ? Quelqu'un entendit-il ce mot de Pan dans son vrai sens ? Plutarque vivait dans le second siècle de l'Église, et cependant personne ne s'était encore avisé de dire que Pan fût Jésus-Christ mort en Judée.

L'histoire de Thulis est rapportée par Suidas, auteur qui ramasse beaucoup de choses, mais qui ne les choisit guère. Son oracle de Sérapis pêche de la même manière que le livre des sibylles, par le trop de clarté sur nos mystères ; mais, de plus, ce Thulis, roi d'Égypte, n'était pas assurément un des Ptolémées. Et que deviendra tout l'oracle, s'il faut que Sérapis soit un Dieu qui n'ait été amené en Égypte que par un Ptolémée, qui le fit venir de Pont, comme beaucoup de savants le prétendent sur des apparences très fortes ? Du moins, il est certain qu'Hérodote, qui aime tant à discourir sur l'ancienne Égypte, ne parle point de Sérapis, et que Tacite conte tout au long comment et pourquoi un des Ptolémées fit venir de Pont le dieu Sérapis, qui n'était alors connu que là.

L'oracle rendu à Auguste sur l'enfant hébreu n'est point du tout recevable. Cédrénus le cite d'Eusèbe, et aujourd'hui il ne s'y trouve point. Il ne serait pas impossible que Cédrénus citât à faux, ou citât quelque ouvrage faussement attribué à Eusèbe. Il est bien homme à vous rapporter, sur la foi de certains faux actes de saint Pierre, qui couraient encore de son temps, que Simon le Magicien avait à sa porte un gros dogue qui dévorait ceux que son maître ne voulait pas laisser entrer ; que saint Pierre, voulant parler à Simon, ordonna à ce chien d'aller lui dire, en langage humain, que Pierre, serviteur de Dieu, le demandait ; que le chien s'acquitta de cet ordre, au grand étonnement de ceux qui étaient alors avec Simon ; mais que Simon, pour leur faire voir qu'il n'en savait pas moins que saint Pierre, ordonna au chien, à son tour, d'aller lui dire qu'il entrât, ce qui fut exécuté aussitôt ! Voilà ce qui s'appelle, chez les Grecs, écrire l'histoire. Cédrénus vivait dans un siècle ignorant, où la licence d'écrire impunément des fables se joignait encore à l'inclination générale qui y porte les Grecs.

Mais quand Eusèbe, dans quelque ouvrage qui ne serait pas venu jusqu'à nous, aurait effectivement parlé de l'oracle d'Auguste, Eusèbe lui-même se trompait quelquefois, et on en a des preuves constantes. Les premiers défenseurs du christianisme, Justin, Tertullien, Théophile, Tatien, auraient-ils gardé le silence sur un oracle si favorable à la religion ? Étaient-ils assez peu zélés pour négliger cet avantage ? Mais ceux mêmes qui nous donnent cet oracle le gâtent en y ajoutant qu'Auguste, de retour à Rome, fit élever dans le Capitole un autel avec cette inscription : C'est ici l'autel du fils unique, ou aîné de Dieu. Où avait-il pris cette idée d'un fils unique de Dieu, dont l'oracle ne parle point ?

Enfin, ce qu'il y a de plus remarquable, c'est qu'Auguste, depuis le voyage qu'il fit en Grèce, dix-neuf ans avant la naissance de Jésus-Christ, n'y retourna jamais ; et même, lorsqu'il en revint, il n'était guère dans la disposition d'élever des autels à d'autres dieux qu'à lui : car il souffrit, non seulement que les villes d'Asie lui en élevassent et lui célébrassent des jeux sacrés, mais même qu'à Rome on consacrât un autel à la Fortune, qui était de retour, Fortunae: reduci, c'est-à-dire à lui-même, et que l'on mît le jour d'un retour si heureux entre les jours de fête.

Les oracles qu'Eusèbe rapporte de Porphyre paraissent plus embarrassants que tous les autres. Eusèbe n'aura pas supposé à Porphyre des oracles qu'il ne citait point ; et Porphyre, qui était si attaché au paganisme, n'aura pas cité de faux oracles sur la cessation des oracles mêmes, et à l'avantage de la religion chrétienne. Voici, ce semble, le cas où le témoignage d'un ennemi a tant de force.

Mais aussi, d'un autre côté, Porphyre n'était pas assez malhabile homme pour fournir aux chrétiens des armes contre le paganisme, sans y être nécessairement engagé par la suite de quelque raisonnement, et c'est ce qui ne parait point ici. Si ces oracles eussent été allégués par les chrétiens, et que Porphyre, en convenant qu'ils avaient été effectivement rendus, se fût défendu des conséquences qu'on en voulait tirer, il est sûr qu'ils seraient d'un très grand poids ; mais c'est de Porphyre même que les chrétiens, selon qu'il paraît par l'exemple d'Eusèbe, tiennent ces oracles : c'est Porphyre qui prend plaisir à ruiner sa religion et à établir la nôtre. En vérité, cela est suspect de soi-même, et le devient encore davantage par l'excès où il pousse la chose ; car on nous rapporte de lui-même je ne sais combien d'autres oracles très clairs et très positifs sur la personne de Jésus-Christ, sur sa résurrection, sur son ascension ; enfin, le plus entêté et le plus habile des païens nous accable de preuves du christianisme. Défions-nous de cette générosité.

Eusèbe a cru que c'était un assez grand avantage de mettre le nom de Porphyre à la tête de tant d'oracles si favorables à la religion. Il nous les donne dépouillés de tout ce qui les accompagnait dans les écrits de Porphyre. Que savons-nous s'il ne les réfutait pas ? Selon l'intérêt de sa cause, il le devait faire ; et s'il ne l'a pas fait, assurément il avait quelque intention cachée.

On soupçonne que Porphyre était assez méchant pour faire de faux oracles, et les présenter aux chrétiens, à dessein de se moquer de leur crédulité s'ils les recevaient pour vrais et appuyaient leur religion sur de pareils fondements. Il en eût tiré des conséquences pour des choses bien plus importantes que ces oracles, et eût attaqué tout le christianisme par cet exemple, qui, au fond, n'eût pourtant rien conclu.

Il est toujours certain que ce même Porphyre, qui nous fournit tous ces oracles, soutenait, comme nous avons vu, que les oracles étaient rendus par des génies menteurs. Il se pourrait donc bien faire qu'il eût mis en oracles tous les mystères de notre religion, exprès pour tâcher à les détruire et pour les rendre suspects de fausseté, parce qu'ils auraient été attestés par de faux témoins. Je sais bien que les chrétiens ne le prenaient pas ainsi ; mais comment eussent-ils jamais prouvé par raisonnement que les démons étaient quelquefois forcés à dire la vérité ? Ainsi Porphyre demeurait toujours en état de se servir de ses oracles contre eux ; et selon le tour de cette dispute, ils devaient nier que ces oracles eussent jamais été rendus, comme nous le nions présentement. Cela, ce me semble, explique pourquoi Porphyre était si prodigue d'oracles favorables à notre religion, et quel tour avait pu prendre le grand procès d'entre les chrétiens et les païens. Nous ne faisons que le deviner, car toutes les pièces n'en sont pas venues jusqu'à nous. C'est ainsi qu'en examinant un peu les choses de près, on trouve que ces oracles, qui paraissent si merveilleux, n'ont jamais été. Je n'en rapporterai point d'autres exemples : tout le reste est de la même nature.

CHAPITRE V

Que l'opinion commune sur les oracles ne s'accorde pas si bien qu'on pense avec la religion.

Le silence de l'Écriture sur ces démons que l'on prétend qui président aux oracles ne nous laisse pas seulement en liberté de n'en rien croire, mais il nous y porte assez naturellement. Serait-il possible que l'Écriture n'eût point appris aux juifs et aux chrétiens une chose qu'ils ne pouvaient jamais deviner sûrement par leur raison naturelle, et qu'il leur importait extrêmement de savoir, pour n'être pas ébranlés par ce qu'ils verraient arriver de surprenant dans les autres religions ? Car je conçois que Dieu n'a parlé aux hommes que pour suppléer à la faiblesse de leurs connaissances, qui ne suffisaient pas à leurs besoins, et que tout ce qu'il ne leur a pas dit est de telle nature qu'ils le peuvent apprendre d'eux-mêmes ou qu'il n'est pas nécessaire qu'ils le sachent. Ainsi, si les oracles eussent été rendus par de mauvais démons, Dieu nous l'eût appris pour nous empêcher de croire qu'il les rendît lui-même, et qu'il y eût quelque chose de divin dans des religions fausses.

David reproche aux païens des dieux qui ont une bouche et n'ont point de parole, et souhaite à leurs adorateurs, pour toute punition, de devenir semblables à ce qu'ils adorent ; mais si ces dieux eussent eu, non seulement l'usage de la parole, mais encore la connaissance des choses futures, je ne vois pas que David eût pu faire ce reproche aux païens, ni qu'ils eussent dû être fâchés de ressembler à leurs dieux.

Quand les saints Pères s'emportent avec tant de raison contre le culte des idoles, ils supposent toujours qu'elles ne peuvent rien ; et si elles eussent parlé, si elles eussent prédit l'avenir, il ne fallait pas attaquer avec mépris leur impuissance ; il fallait désabuser les peuples du pouvoir extraordinaire qui paraissait en elles. En effet, aurait-on eu tant de tort d'adorer ce qu'on croyait être animé d'une vertu divine, ou tout au moins d'une vertu plus qu'humaine ? Il est vrai que ces démons étaient ennemis de Dieu ; mais les païens pouvaient-ils le deviner ? Si les démons demandaient des cérémonies barbares et extravagantes, les païens les croyaient bizarres ou cruels ; mais ils ne laissaient pas pour cela de les croire plus puissants que les hommes, et ils ne savaient pas que le vrai Dieu leur offrait sa protection contre eux.

Ils ne se soumettaient le plus souvent à leurs dieux que comme à des ennemis redoutables qu'il fallait apaiser à quelque prix que ce fût ; et cette soumission et cette crainte n'étaient pas sans fondement si en effet les démons donnaient des preuves de leur pouvoir qui fussent au-dessus de la nature. Enfin le paganisme, ce culte si abominable aux yeux de Dieu, n'eût été qu'une erreur involontaire et excusable.

Mais, direz-vous, si les faux prêtres ont toujours trompé les peuples, le paganisme n'a été non plus qu'une simple erreur où tombaient les peuples crédules, qui, au fond, avaient dessein d'honorer un être supérieur.

La différence est bien grande. C'est aux hommes à se précautionner contre les erreurs où ils peuvent être jetés par d'autres hommes, mais ils n'ont nul moyen de se précautionner contre celles où ils seraient jetés par des génies qui sont au-dessus d'eux. Mes lumières suffisent pour examiner si une statue parle ou ne parle pas ; mais du moment qu'elle parle, rien ne me peut plus désabuser de la divinité que je lui attribue. En un mot, Dieu n'est obligé, par les lois de sa bonté, qu'à me garantir des surprises dont je ne puis me garantir moi-même ; pour les autres, c'est à ma raison de faire son devoir.

Aussi voyons-nous que quand Dieu a permis aux démons de faire des prodiges, il les a en même temps confondus par des prodiges plus grands. Pharaon eût pu être trompé par ses magiciens ; mais Moïse était là plus puissant que les magiciens de Pharaon. Jamais les démons n'ont eu tant de pouvoir ni n'ont fait tant de choses surprenantes que du temps de Jésus-Christ et des apôtres.

Cela n'empêche pas que le paganisme n'ait toujours été appelé, avec justice, le culte des démons. Premièrement, l'idée qu'on y prend de la divinité ne convient nullement au vrai Dieu, mais à ces génies réprouvés et éternellement malheureux.

Secondement, l'intention des païens n'était pas tant d'adorer le premier être, la source de tous les biens, que ces êtres malfaisants, dont ils craignaient la colère ou le caprice. Enfin, les démons, qui ont sans contredit le pouvoir de tenter les hommes et de leur tendre des pièges, favorisaient, autant qu'il était en eux, l'erreur grossière des païens et leur fermaient les yeux sur des impostures visibles. De là vient qu'on dit que le paganisme roulait, non pas sur les prodiges, mais sur les prestiges des démons, ce qui suppose qu'en tout ce qu'ils faisaient il n'y avait rien de réel ni de vrai.

Il peut être cependant que Dieu ait quelquefois permis aux démons quelques effets réels. Si cela est arrivé, Dieu avait alors ses raisons, et elles sont toujours dignes d'un profond respect ; mais, à parler en général, la chose n'a point été ainsi. Dieu permit au diable de brûler les maisons de Job, de désoler ses pâturages, de faire mourir tous ses troupeaux, de frapper son corps de mille plaies ; mais ce n'est pas à dire que le diable soit lâché sur tous ceux à qui les mêmes malheurs arrivent. On ne songe point au diable, quand il est question d'un homme malade ou ruiné. Le cas de Job est un cas particulier : on raisonne indépendamment de cela, et nos raisonnements généraux n'excluent jamais les exceptions que la toute-puissance de Dieu peut faire à tout.

Il paraît donc que l'opinion commune, sur les oracles, ne s'accorde pas bien avec la bonté de Dieu, et qu'elle décharge le paganisme d'une bonne partie de l'extravagance, et même de l'abomination que les saints Pères y ont toujours trouvée. Les païens devaient dire, pour se justifier, que ce n'était pas merveille qu'ils eussent obéi à des génies qui animaient des statues, et faisaient tous les jours cent choses extraordinaires ; et les chrétiens, pour leur ôter toute excuse, ne devaient jamais leur accorder ce point. Si toute la religion païenne n'avait été qu'une imposture des prêtres, le christianisme profitait de l'excès ridicule où elle tombait.

Aussi y a-t-il bien de l'apparence que les disputes des chrétiens et des païens étaient en cet état, lorsque Porphyre avouait si volontiers que les oracles étaient rendus par de mauvais démons. Ces mauvais démons lui étaient d'un double usage. Il s'en servait, comme nous avons vu, à rendre inutiles, et même désavantageux à la religion chrétienne, les oracles dont les chrétiens prétendaient se parer ; mais, de plus, il rejetait sur ces génies cruels et artificieux toute la folie et toute la barbarie d'une infinité de sacrifices que l'on reprochait sans cesse aux païens.

C'est donc attaquer Porphyre jusque dans ses derniers retranchements ; et c'est prendre les vrais intérêts du christianisme, que de soutenir que les démons n'ont point été les auteurs des oracles.

CHAPITRE VI

Que les démons ne sont pas suffisamment établis par le paganisme.

Dans les premiers temps, la poésie et la philosophie étaient la même chose ; toute sagesse était renfermée dans les poèmes. Ce n'est pas que par cette alliance la poésie en valût mieux, mais la philosophie en valait beaucoup moins. Homère et Hésiode ont été les premiers philosophes grecs, et de là vient que les autres philosophes ont toujours pris fort sérieusement ce qu'ils avaient dit, et ne les ont cités qu'avec honneur.

Homère confond le plus souvent les dieux et les démons ; mais Hésiode distingue quatre espèces de natures raisonnables : les dieux, les démons, les demi-dieux ou héros, et les hommes. Il va plus loin, il marque la durée de la vie des démons ; car ce sont des démons que les nymphes dont il parle dans l'endroit que nous allons citer, et Plutarque l'entend ainsi : « Une corneille, dit Hésiode, vit neuf fois autant qu'un homme ; un cerf quatre fois autant qu'une corneille ; un corbeau trois fois autant qu'un cerf ; le phénix neuf fois autant qu'un corbeau ; et les nymphes, enfin, dix fois autant que le phénix. »

On ne prendrait volontiers tout ce calcul que pour une pure rêverie poétique, indigne qu'un philosophe y fasse aucune réflexion, et indigne même qu'un poète l'imite ; car l'agrément y manque autant que la vérité ; mais Plutarque n'est pas de cet avis. Comme il voit qu'en supposant la vie de l'homme de soixante-dix ans, ce qui en est la durée ordinaire, les démons devraient vivre six cent quatre-vingt mille quatre cents ans, et qu'il ne conçoit pas bien qu'on ait pu avoir l'expérience d'une si longue vie dans les démons, il aime mieux croire qu'Hésiode, par le mot d'âge d'homme, n'a entendu qu'une année. L'interprétation n'est pas trop naturelle ; mais sur ce pied-là on ne compte pour la vie des démons que sept mille neuf cent vingt ans, et alors Plutarque n'a plus de peine à concevoir comment on a pu expérimenter que les démons vivaient ce temps-là. De plus, il remarque dans le nombre de sept mille neuf cent vingt de certaines perfections pythagoriciennes qui le rendent tout à fait digne de marquer la durée de la vie des démons. Voilà les raisonnements de cette antiquité si vantée.

Des poèmes d'Homère et d'Hésiode, les démons ont passé dans la philosophie de Platon. Il ne peut être trop loué de ce qu'il est celui d'entre les Grecs qui a conçu la plus haute idée de Dieu ; mais cela même l'a jeté dans de faux raisonnements. Parce que Dieu est infiniment élevé au-dessus des hommes, il a cru qu'il devait y avoir entre lui et nous des espèces moyennes qui fissent la communication de deux extrémités si éloignées, et par le moyen desquelles l'action de Dieu passât jusqu'à nous. Dieu, disait-il, ressemble à un triangle qui a ses trois côtés égaux, les démons à un triangle qui n'en a que deux égaux, et les hommes à un triangle qui les a inégaux tous les trois. L'idée est assez belle, il ne lui manque que d'être mieux fondée.

Mais quoi ! ne se trouve-t-il pas après tout que Platon a raisonné juste ? Et ne savons-nous pas certainement, par l'Écriture sainte, qu'il y a des génies, ministres des volontés de Dieu, et ses messagers auprès des hommes ? N'est-il pas admirable que Platon ait découvert cette vérité par ses seules lumières naturelles ?

J'avoue que Platon a deviné une chose qui est vraie, et cependant je lui reproche de l'avoir devinée. La révélation nous assure de l'existence des anges et des démons ; mais il n'est point permis à la raison humaine de nous en assurer. On est embarrassé de cet espace infini qui est entre Dieu et les hommes, et on le remplit de génies et de démons ; mais de quoi remplira-t-on l'espace infini qui sera entre

Dieu et ces génies, ou ces démons mêmes ? Car de Dieu à quelque créature que ce soit, la distance est infinie. Comme il faut que l'action de Dieu traverse, pour ainsi dire, ce vide infini pour aller jusqu'aux démons, elle pourra bien aller aussi jusqu'aux hommes, puisqu'ils ne sont plus éloignés que de quelques degrés qui n'ont nulle proportion avec ce premier éloignement. Lorsque Dieu traite avec les hommes, par le moyen des anges, ce n'est pas à dire que les anges soient nécessaires pour cette communication, ainsi que Platon le prétendait ; Dieu les y emploie pour des raisons que la philosophie ne pénétrera jamais, et qui ne peuvent être parfaitement connues que de lui seul.

Selon l'idée que donne la comparaison des triangles, on voit que Platon avait imaginé les démons, afin que, de créature plus parfaite en créature plus parfaite, on montât enfin jusqu'à Dieu, de sorte que Dieu n'aurait que quelques degrés de perfection par-dessus la première des créatures. Mais il est visible que, comme elles sont toutes infiniment imparfaites à son égard, parce qu'elles sont toutes infiniment éloignées de lui, les différences de perfection qui sont entre elles disparaissent dès qu'on les compare avec Dieu : ce qui les élève les unes au-dessus des autres, ne les approche pourtant pas de lui.

Ainsi, à ne consulter que la raison humaine, on n'a besoin de démons, ni pour faire passer l'action de Dieu jusqu'aux hommes, ni pour mettre entre Dieu et nous quelque chose qui approche de lui, plus que nous ne pouvons en approcher.

Peut-être Platon lui-même n'était-il pas aussi sûr de l'existence de ses démons que les platoniciens l'ont été depuis. Ce qui me le fait soupçonner, c'est qu'il met l'Amour au nombre des démons ; car il mêle souvent la galanterie avec la philosophie, et ce n'est pas la galanterie qui lui réussit le plus mal. Il dit que l'Amour est fils du dieu des richesses et de la pauvreté ; qu'il tient de son père la grandeur de courage, l'élévation des pensées, l'inclination à donner, la prodigalité, la confiance en ses propres forces, l'opinion de son mérite, l'envie d'avoir toujours la préférence ; mais qu'il tient de sa mère cette indigence qui fait qu'il demande toujours, cette importunité avec laquelle il demandait, cette timidité qui l'empêche quelquefois d'oser demander, cette disposition qu'il a à la servitude, et cette crainte d'être méprisé qu'il ne peut jamais perdre. Voilà, à mon sens, une des plus jolies fables qui se soient jamais faites. Il est plaisant que Platon en fît quelquefois d'aussi galantes et d'aussi agréables qu'avait pu faire Anacréon lui-même, et quelquefois aussi ne raisonnât pas plus solidement que n'aurait fait Anacréon. Cette origine de l'Amour explique parfaitement bien toutes les bizarreries de sa nature ; mais aussi on ne sait plus ce que c'est que les démons, du moment que l'Amour en est un. Il n'y a pas d'apparence que Platon ait entendu cela dans un sens naturel et philosophique, ni qu'il ait voulu dire que l'Amour fût un être hors de nous, qui habitât les airs. Assurément il l'a entendu dans un sens galant, et alors il me semble qu'il nous permet de croire que tous ses démons sont de la même espèce que l'Amour ; et puisqu'il mêle de gaieté de cœur des fables dans son système, il ne se soucie pas beaucoup que le reste de son système passe pour fabuleux. Jusqu'ici, nous n'avons fait que répondre aux raisons qui ont fait croire que les oracles avaient quelque chose de surnaturel ; commençons présentement à attaquer cette opinion.

CHAPITRE VII

Que de grandes sectes de philosophes païens n'ont point cru qu'il y eût rien de surnaturel dans les oracles.

Si au milieu de la Grèce même, où tout retentissait d'oracles, nous avions soutenu que ce n'étaient que des impostures, nous n'aurions étonné personne par la hardiesse de ce paradoxe, et nous n'aurions point eu besoin de prendre des mesures pour le débiter secrètement. La philosophie s'était partagée sur le fait des oracles ; les platoniciens et les stoïciens tenaient leur parti : mais les cyniques, les péripatéticiens et les épicuriens s'en moquaient hautement. Ce qu'il y avait de miraculeux dans les oracles, ne l'était pas tant que la moitié des savants de la Grèce ne fussent encore en liberté de n'en rien croire, et cela malgré le préjugé commun à tous les Grecs, qui mérite d'être compté pour quelque chose.

Eusèbe (liv. IV de la Préparation évangélique) nous dit que six cents personnes d'entre les païens avaient écrit contre les oracles : mais je crois qu'un certain Oenomaos, dont il nous parle, et dont il nous a conservé quelques fragments, est un de ceux dont les ouvrages méritent le plus d'être regrettés.

Il y a plaisir à voir, dans ses fragments qui nous restent, cet Oenomaos, plein de la liberté cynique, argumenter sur chaque oracle contre le Dieu qui l'a rendu, et le prendre lui-même à partie. Voici, par exemple, comment il traite le dieu de Delphes, sur ce qu'il avait répondu à Crésus : « Crésus, en passant le fleuve Halis, renversera un grand empire. »

En effet, Crésus, en passant le fleuve Halis, attaqua Cyrus, qui, comme tout le monde sait, vint fondre sur lui et le dépouilla de tous ses États.

« Tu t'étais vanté dans un autre oracle rendu à Crésus, dit Oenomaos à Apollon, que tu savais le nombre des grains de sable : tu t'étais bien fait valoir sur ce que tu voyais de Delphes cette tortue que Crésus faisait cuire en Lydie dans le même moment. Voilà de belles connaissances pour en être si fier ! Quand on te vient consulter sur le succès qu'aura la guerre de Crésus et de Cyrus, tu demeures court ; car si tu lis dans l'avenir ce qui en arrivera, pourquoi te sers-tu de façons de parler qu'on ne peut entendre ? Ne sais-tu point qu'on ne les entendra pas ? Si tu le sais, tu te plais donc à te jouer de nous ? Si tu ne le sais point, apprends de nous qu'il faut parler plus clairement, et qu'on ne t'entend point. Je te dirai même que, si tu as voulu te servir d'équivoques, le mot grec par lequel tu exprimes que Crésus renversera un grand empire n'est pas bien choisi, et qu'il ne peut signifier que la victoire de Crésus sur Cyrus. S'il faut nécessairement que les choses arrivent, pourquoi nous amuser avec tes ambiguïtés ? Que fais-tu à Delphes, malheureux, occupé, comme tu es, à nous chanter des prophéties inutiles ? Pourquoi tous ces sacrifices que nous te faisons ? Quelle fureur nous possède ! »

Mais cet Oenomaos est encore de plus mauvaise humeur sur cet oracle que rendit Apollon aux Athéniens, lorsque Xerxès fondit sur la Grèce avec toutes les forces de l'Asie. La Pythie leur donna pour réponse que Minerve, protectrice d'Athènes, tâchait en vain, par toutes sortes de moyens, d'apaiser la colère de Jupiter ; que cependant Jupiter, en faveur de sa fille, voulait bien souffrir que les Athéniens se sauvassent dans des murailles de bois, et que Salamine verrait la perte de beaucoup d'enfants chers à leurs mères, soit quand Cérès serait dispersée, soit quand elle serait ramassée. Sur cela Oenomaos perd entièrement le respect pour le dieu de Delphes.

« Ce combat du père et de la fille, dit-il, sied bien à des dieux ; il est beau qu'il y ait dans le ciel des inclinations et des intérêts contraires. Jupiter est courroucé contre Athènes, il a fait venir contre elle toutes les forces de l'Asie ; mais s'il n'a pas pu la ruiner autrement, s'il n'avait plus de foudres, s'il a été réduit à emprunter des forces étrangères, comment a-t-il eu le pouvoir de réunir contre cette ville toutes les forces de l'Asie ? Après cela cependant il permet qu'on se sauve dans des murailles de bois ; sur qui donc tombera sa colère ? Sur des pierres ? Beau devin, tu ne sais point à qui seront ces enfants dont Salamine verra la perte, s'ils seront Grecs ou Perses ; il faut bien qu'ils soient de l'une ou de l'autre armée : mais ne sais-tu point du moins qu'on verra que tu ne le sais point ? Tu caches le temps de la bataille sous ces belles expressions poétiques, « soit quand Cérès sera dispersée, soit quand elle sera ramassée » ; tu veux nous éblouir par ce langage pompeux : mais ne sait-on pas bien qu'il faut qu'une bataille navale se donne au temps des semailles ou de la moisson ? Apparemment ce ne sera pas en hiver. Quoi qu'il arrive, tu te tireras d'affaire par le moyen de ce Jupiter que Minerve tâche d'apaiser. Si les Grecs perdent la bataille, Jupiter a été inexorable ; s'ils la gagnent, Jupiter s'est enfin laissé fléchir. Tu dis, Apollon, qu'on fuie dans des murs de bois ; tu conseilles, tu ne devines pas. Moi qui ne sais point deviner, j'en eusse bien dit autant ; j'eusse bien jugé que l'effet de la guerre serait tombé sur Athènes ; et que, puisque les Athéniens avaient des vaisseaux, le meilleur pour eux était d'abandonner leur ville et de se mettre tous sur la mer. »

Telle était la vénération que de grandes sectes de philosophes avaient pour les oracles, et pour les dieux qu'on en croyait auteurs. Il est assez plaisant que toute la religion païenne ne fût qu'un problème de philosophie. Les dieux prennent-ils soin des affaires des hommes ? n'en prennent-ils pas soin ? Cela est essentiel ; il s'agit de savoir si on les adorera, ou si on les laissera là sans aucun culte : tous les peuples ont déjà pris le parti d'adorer ; on ne voit de tous côtés que temples, que sacrifices ; cependant une grande secte de philosophes soutient publiquement que ces sacrifices, ces temples, ces adorations sont autant de choses inutiles, et que les dieux, loin de s'y plaire, n'en ont aucune connaissance. Il n'y a point de Grec qui n'aille consulter les oracles sur ses affaires ; mais cela n'empêche pas que dans trois grandes écoles de philosophie, on ne traite hautement les oracles d'impostures.

Qu'il me soit permis de pousser un peu plus loin cette réflexion ; elle pourra servir à faire entendre ce que c'était que la religion chez les païens. Les Grecs, en général, avaient extrêmement de l'esprit ; mais ils étaient fort légers, curieux, inquiets, incapables de se modérer sur rien, et, pour dire tout ce que j'en pense, ils avaient tant d'esprit, que leur raison en souffrait un peu. Les Romains étaient d'un autre caractère ; gens solides, sérieux, appliqués, qui savaient suivre un principe et prévoir de loin une conséquence. Je ne serais pas surpris que les Grecs, sans songer aux suites, eussent traité étourdiment le pour et le contre de toutes choses, qu'ils eussent fait des sacrifices, en disputant si les sacrifices pouvaient toucher les dieux, et qu'ils eussent consulté les oracles, sans être assurés que les oracles ne fussent pas de pures illusions. Apparemment les philosophes s'intéressaient assez peu au gouvernement pour ne se pas soucier de choquer la religion dans leurs disputes, et peut-être le peuple n'avait pas assez de foi aux philosophes pour abandonner la religion, ni pour y rien changer sur leur parole, et enfin la passion dominante des Grecs était de discourir sur toutes les matières, à quelque prix que ce pût être. Mais il est sans doute plus étonnant que les Romains, et les plus habiles d'entre les Romains, et ceux qui savaient le mieux combien la religion tirait à conséquence pour la politique, aient osé publier des ouvrages où non seulement ils mettaient leur religion en question, mais même la tournaient entièrement en ridicule. Je parle de Cicéron, qui, dans ses livres de la Divination, n'a rien épargné de ce qui était le plus saint à Rome. Après qu'il a fait voir assez vivement à ceux contre qui il dispute, quelle extrême folie c'était de consulter les entrailles d'animaux, il les réduit à répondre que les dieux, qui sont tout-puissants, changent les entrailles dans le moment du sacrifice, afin de marquer par elles leur volonté et l'avenir. Cette réponse était de Chrysippe, d'Antipater et de Posidonius, tous grands philosophes, et chefs du parti des stoïciens.

« Ah ! que dites-vous ? reprend Cicéron, il n'y a point de vieilles si ridicules que vous. Croyez-vous que le même veau ait le foie bien disposé, s'il est choisi pour le sacrifice par une certaine personne, et mal disposé, s'il est choisi par une autre ? Cette disposition de foie peut-elle changer en un instant, pour s'accommoder à la fortune de ceux qui sacrifient ? Ne voyez-vous pas que c'est le hasard qui fait le choix des victimes ? L'expérience même ne vous l'apprend-elle pas ? Car souvent les entrailles d'une victime sont tout à fait funestes, et celles de la victime qu'on immole immédiatement après, sont les plus heureuses du monde. Que deviennent les menaces de ces premières entrailles ? ou comment les dieux se sont-ils apaisés si promptement ? Mais vous dites qu'un jour il ne se trouva point de cœur à un bœuf que César sacrifiait, et que, comme cet animal ne pouvait pas pourtant vivre sans en avoir un, il faut nécessairement qu'il se soit retiré dans le moment du sacrifice. Est-il possible que vous ayez assez d'esprit pour voir qu'un bœuf n'a pu vivre sans cœur, et que vous n'en ayez pas assez pour voir que ce cœur n'a pu en un moment s'envoler je ne sais où ? »

Et un peu après il ajoute : « Croyez-moi, vous ruinez toute la physique pour défendre l'art des aruspices : car ce ne sera pas le cours ordinaire de la nature qui fera naître et mourir toutes choses, et il y aura quelques corps qui viendront de rien, et retourneront dans le néant. Quel physicien a jamais soutenu cette opinion ? il faut pourtant que les aruspices la soutiennent. »

Je ne donne ce passage de Cicéron que comme un exemple de l'extrême liberté avec laquelle il insultait la religion qu'il suivait lui-même ; en mille autres endroits, il ne fait pas plus de grâce aux poulets sacrés, au vol des oiseaux, et à tous les miracles dont les annales des pontifes étaient remplies.

Pourquoi ne lui faisait-on pas son procès sur son impiété ? Pourquoi tout le peuple ne le regardait-il pas avec horreur ? Pourquoi tous les collèges des prêtres ne s'élevaient-ils pas contre lui ? Il y a lieu de croire que, chez les païens, la religion n'était qu'une pratique, dont la spéculation était indifférente. Faites comme les autres, et croyez ce qu'il vous plaira. Ce principe est fort extravagant ; mais le peuple, qui n'en reconnaissait pas l'impertinence, s'en contentait, et les gens d'esprit s'y soumettaient aisément, parce qu'il ne les gênait guère.

Aussi voit-on que toute la religion païenne ne demandait que des cérémonies, et nuls sentiments du cœur. Les dieux sont irrités, tous leurs foudres sont prêts à tomber : comment les apaisera-t-on ? Faut-il se repentir des crimes qu'on a commis ? Faut-il rentrer dans les voies de la justice naturelle, qui devrait être entre tous les hommes ? Point du tout ; il faut seulement prendre un veau de telle couleur, né en tel temps, l'égorger avec un tel couteau, et cela désarmera les dieux : encore vous est-il permis de vous moquer en vous-même du sacrifice, si vous voulez ; il n'en ira pas plus mal.

Apparemment qu'il en était de même des oracles ; y croyait qui voulait ; mais on ne laissait pas de les consulter. La coutume a sur les hommes une force qui n'a nullement besoin d'être appuyée de la raison.

CHAPITRE VIII

Que d'autres que des philosophes ont assez souvent fait peu de cas des oracles.

Les histoires sont pleines d'oracles, ou méprisés par ceux qui les recevaient, ou modifiés à leur fantaisie. Pactias (Hérodote, liv. I), Lydien, et sujet des Perses, s'étant réfugié à Cumes, ville grecque, les Perses ne manquèrent pas d'envoyer demander qu'on le leur livrât. Les Cuméens firent aussitôt consulter l'oracle des Branchides, pour savoir comment ils en devaient user. L'oracle répondit qu'ils livrassent Pactias. Aristodicus, un des premiers de Cumes, qui n'était pas de cet avis, obtint par son crédit qu'on envoyât une seconde fois vers l'oracle, et même il se fit mettre du nombre des députés. L'oracle ne lui fit que la réponse qu'il avait déjà faite. Aristodicus, peu satisfait, s'avisa, en se promenant autour du temple, d'en faire sortir de petits oiseaux, qui y faisaient leurs nids. Aussitôt, il sortit du sanctuaire une voix qui lui criait :

— Détestable mortel, qui te donne la hardiesse de chasser d'ici ceux qui sont sous ma protection ?

— Eh quoi ! grand dieu, répondit bien vite Aristodicus, vous nous ordonnez bien de chasser Pactias, qui est sous la nôtre ?

— Oui, je vous l'ordonne, reprit le dieu, afin que vous, qui êtes des impies, vous périssiez plus tôt, et que vous ne veniez plus importuner les oracles sur vos affaires.

Il parait bien que le dieu était poussé à bout, puisqu'il avait recours aux injures ; il paraît bien aussi qu'Aristodicus ne croyait pas trop que ce fût un dieu qui rendît ces oracles, puisqu'il cherchait à l'attraper par la comparaison des oiseaux ; et après qu'il l'eut attrapé en effet, apparemment il le crut moins dieu que jamais. Les Cuméens eux-mêmes n'en devaient être guère persuadés, puisqu'ils croyaient qu'une seconde députation pouvait le faire dédire, et que du moins il penserait mieux à ce qu'il devait répondre. Je remarque ici, en passant, que, puisque Aristodicus tendait un piège à ce dieu, il fallait qu'il eût prévu qu'on ne lui laisserait pas chasser les oiseaux d'un asile si saint sans en rien dire, et que, par conséquent, les prêtres étaient extrêmement jaloux de leurs temples.

Ceux d'Égine (Hérodote, liv. V) ravageaient les côtes de l'Attique, et les Athéniens se préparaient à une expédition contre Égine, lorsqu'il leur vint de Delphes un oracle qui les menaçait d'une ruine entière, s'ils faisaient la guerre aux Éginètes plus tôt que dans trente ans ; mais, ces trente ans passés, ils n'avaient qu'à bâtir un temple à Éaque, et entreprendre la guerre, et alors tout devait leur réussir. Les Athéniens, qui brûlaient d'envie de se venger, coupèrent l'oracle par la moitié ; ils n'y déférèrent qu'en ce qui regardait le temple Éaque, et ils le bâtirent sans retardement ; mais pour les trente ans, ils s'en moquèrent ; ils allèrent aussitôt attaquer Égine, et eurent tout l'avantage. Ce n'est point un particulier qui a si peu d'égard pour les oracles ; c'est tout un peuple, et un peuple très superstitieux.

Il n'est pas trop aisé de dire comment les peuples païens regardaient leur religion. Nous avons dit qu'ils se contentaient que les philosophes se soumissent aux cérémonies ; cela n'est pas tout à fait vrai. Je ne sache point que Socrate refusât d'offrir de l'encens aux dieux, ni de faire son personnage comme les autres dans les fêtes publiques ; cependant le peuple lui fit son procès sur les sentiments particuliers qu'on lui imputait en matière de religion, et qu'il fallait presque deviner en lui, parce qu'il ne s'en était jamais expliqué ouvertement. Le peuple entrait donc en connaissance de ce qui se traitait dans les écoles de la philosophie ; et comment souffrait-il qu'on y soutînt hautement tant d'opinions contraires au culte établi, et souvent même à l'existence des dieux ? Du moins, il savait parfaitement ce qui se jouait sur les théâtres. Ces spectacles étaient faits pour lui, et il est sûr que jamais les dieux n'ont été traités avec moins de respect que dans les comédies d'Aristophane. Mercure, dans le Plutus, vient se plaindre de ce qu'on a rendu la vue au dieu des richesses, qui auparavant était aveugle ; et de ce que, Plutus commençant à favoriser également tout le monde, les autres dieux à qui on ne fait plus de sacrifices pour avoir du bien, meurent tous de faim. Ils poussent la chose jusqu'à demander un emploi, quel qu'il soit, dans une maison bourgeoise, pour avoir du moins de quoi manger. Les Oiseaux d'Aristophane sont encore bien libres. Toute la pièce roule sur ce qu'une certaine ville des oiseaux, que l'on a dessein de bâtir dans les airs, interromprait le commerce qui est entre les dieux et les hommes, rendrait les oiseaux maîtres de tout, et réduirait les dieux à la dernière misère. Je vous laisse à juger si tout cela est bien dévot. Ce fut pourtant ce même Aristophane qui commença à exciter le peuple contre la prétendue impiété de Socrate. Il y a là je ne sais quoi d'inconcevable qui se trouve souvent dans les affaires du monde.

Il est toujours constant par ces exemples, et il le serait encore par une infinité d'autres s'il en était besoin, que le peuple était quelquefois d'humeur à écouter des plaisanteries sur sa religion. Il en pratiquait les cérémonies seulement pour se délivrer des inquiétudes qu'il eût pu avoir en ne les pratiquant pas ; mais, au fond, il ne paraît pas qu'il y eût trop de foi. À l'égard des oracles, il en usait de même. Le plus souvent, il les consultait pour n'avoir plus à les consulter, et, s'ils ne s'accommodaient pas à ses desseins, il ne se gênait pas beaucoup pour leur obéir. Ainsi, ce n'était peut-être pas une chose si constante, même parmi le peuple, que les oracles fussent rendus par des divinités.

Après cela, il serait fort inutile de rapporter des histoires de grands capitaines qui ne se sont pas fait une affaire de passer pardessus des oracles ou des auspices. Ce qu'il y a de remarquable, c'est que cela s'est pratiqué même dans les premiers siècles de la république romaine, dans ces temps d'une heureuse grossièreté, où l'on était si scrupuleusement attaché à la religion et où, comme dit Tite-

Live, dans l'endroit même que nous allons citer de lui, on ne connaissait point encore cette philosophie qui apprend à mépriser les dieux. Papirius faisait la guerre aux Samnites, et, dans les conjonctures où l'on était, l'armée romaine souhaitait avec une extrême ardeur que l'on en vînt à un combat. Il fallut auparavant consulter les poulets sacrés, et l'envie de combattre était si générale, que, quoique les poulets ne mangeassent point quand on les mit hors de la cage, ceux qui avaient soin d'observer l'auspice ne laissèrent pas de rapporter au consul qu'ils avaient fort bien mangé. Sur cela, le consul promet en même temps à ses soldats et la bataille et la victoire. Cependant, il y eut contestation entre les gardes des poulets sur cet auspice qu'on avait rapporté à faux. Le bruit en vint jusqu'à Papirius, qui dit qu'on lui avait rapporté un auspice favorable et qu'il s'en tenait là ; que si on ne lui avait pas dit la vérité, c'était l'affaire de ceux qui prenaient les auspices et que tout le mal devait tomber sur leur tête. Aussitôt, il ordonna qu'on mît ces malheureux aux premiers rangs, et, avant que l'on eût encore donné le signal de la bataille, un trait partit sans que l'on sût de quel côté et alla percer le garde des poulets qui avait rapporté l'auspice à faux. Dès que le consul sut cette nouvelle, il s'écria :

« Les dieux sont ici présents, le criminel est puni ; ils ont déchargé toute leur colère sur celui qui la méritait ; nous n'avons plus que des sujets d'espérance. »

Aussitôt, il fit donner le signal et il remporta une victoire entière sur les Samnites.

Il y a bien de l'apparence que les dieux eurent moins de part que Papirius à la mort de ce pauvre garde des poulets et que le général en voulut tirer un sujet de rassurer les soldats que le faux auspice pouvait avoir ébranlés. Les Romains savaient déjà de ces sortes de tours dans le temps de leur plus grande simplicité.

Il faut donc avouer que nous aurions grand tort de croire les auspices ou les oracles plus miraculeux que les païens ne les croyaient eux-mêmes. Si nous n'en sommes pas aussi désabusés que quelques philosophes et quelques généraux d'armées, soyons-le du moins autant que le peuple l'était quelquefois.

Mais tous les païens méprisaient-ils les oracles ? Non, sans doute.

Eh bien ! quelques particuliers qui n'y ont point eu d'égard suffisent-ils pour les discréditer entièrement ? À l'autorité de ceux qui n'y croyaient pas, il ne faut qu'opposer l'autorité de ceux qui y croyaient.

Ces deux autorités ne sont pas égales. Le témoignage de ceux qui croient une chose déjà établie n'a point de force pour l'appuyer, mais le témoignage de ceux qui ne la croient pas a de la force pour la détruire. Ceux qui croient peuvent n'être pas instruits des raisons de ne point croire ; mais il ne se peut guère que ceux qui ne croient point ne soient point instruits des raisons de croire.

C'est tout le contraire quand la chose s'établit : le témoignage de ceux qui la croient est de soi-même plus fort que celui de ceux qui ne la croient point, car naturellement ceux qui la croient doivent l'avoir examinée et ceux qui ne la croient point peuvent ne l'avoir pas fait.

Je ne veux pas dire que, dans l'un ni dans l'autre cas, l'autorité de ceux qui croient ou ne croient point soit de décision ; je veux dire seulement que, si on n'a point d'égard aux raisons sur lesquelles les deux partis se fondent, l'autorité des uns est tantôt plus recevable, tantôt celle des autres. Cela vient en général de ce que, pour quitter une opinion commune ou pour en recevoir une nouvelle, il faut faire quelque usage de sa raison, bon ou mauvais ; mais il n'est point besoin d'en faire aucun pour rejeter une opinion nouvelle ou pour en prendre une qui est commune. Il faut des forces pour résister au torrent, mais il n'en faut point pour le suivre.

Et il n'importe, sur le fait des oracles, que parmi ceux qui y croyaient quelque chose de divin et de surnaturel il se trouve des philosophes d'un grand nom, tels que les stoïciens. Quand les philosophes s'entêtent une fois d'un préjugé, ils sont plus incurables que le peuple même, parce qu'ils s'entêtent également et du préjugé et des fausses raisons dont ils le soutiennent. Les stoïciens en particulier, malgré le faste de leur secte, avaient des opinions qui font pitié. Comment n'eussent-ils pas cru aux oracles ? Ils croyaient bien aux songes ! Le grand Chrysippe ne retranchait de sa créance aucun des points qui entraient dans celle de la moindre femmelette.

CHAPITRE IX

Que les anciens chrétiens eux-mêmes n'ont pas trop cru que les oracles fussent rendus par les démons.

Quoiqu'il paraisse que les chrétiens savants des premiers siècles aimassent assez à dire que les oracles étaient rendus par les démons, ils ne laissaient pas de reprocher aux païens qu'ils étaient joués par leurs prêtres. Il fallait que la chose fût bien vraie, puisqu'ils la publiaient aux dépens de ce système des démons, qu'ils croyaient leur être si favorable.

Voici comment parle Clément d'Alexandrie au troisième livre des Tapisseries : « Vante-nous, si tu veux, ces oracles remplis de folie et d'impertinence, ceux de Claros, d'Apollon Pythien, de Didyme, d'Amphilocus ; tu peux encore y ajouter les augures et les interprètes des songes et des prodiges. Fais-nous paraître aussi, devant l'Apollon Pythien, ces gens qui devinaient par la farine ou par l'orge, et ceux qui ont été estimés parce qu'ils parlaient du ventre. Que les secrets des temples des Égyptiens et que la nécromancie des Étrusques demeurent dans les ténèbres ; toutes ces choses ne sont certainement que des impostures extravagantes et de pures tromperies pareilles à celle des jeux de dés. Les chèvres qu'on a dressées à la divination et les corbeaux qu'on a instruits à rendre des oracles ne sont pour ainsi dire que les associés de ces charlatans qui fourbent tous les hommes. »

Eusèbe, au commencement du quatrième livre de sa Préparation évangélique, propose dans toute leur étendue les meilleures raisons qui soient au monde pour prouver que tous les oracles ont pu n'être que des impostures, et ce n'est que sur ces mêmes raisons que je prétends m'appuyer dans la suite, quand je viendrai au détail des fourberies des oracles.

J'avoue cependant que, quoique Eusèbe sût si bien tout ce qui pouvait empêcher qu'on les crût surnaturels, il n'a pas laissé de les attribuer aux démons, et il semble que l'autorité d'un homme si bien instruit des raisons des deux partis est d'un grand préjugé pour le parti qu'il embrasse.

Mais remarquez qu'Eusèbe, après avoir fort bien prouvé que les oracles ont pu n'être que des impostures des prêtres, assure, sans détruire ni affaiblir ses premières preuves, qu'ils ont pourtant été le plus souvent rendus par des démons. Il fallait qu'il apportât quelque oracle non suspect et rendu dans de telles circonstances, que, quoique beaucoup d'autres pussent être imputés à l'artifice des prêtres, celui-là n'y pût jamais être imputé ; mais c'est ce qu'Eusèbe ne fait point du tout. Je vois bien que tous les oracles peuvent n'avoir été que des fourberies, mais je ne le veux pourtant pas croire. Pourquoi ? parce que je suis bien aise d'y faire entrer les démons. Voilà une assez pitoyable espèce de raisonnement. Ce serait autre chose si Eusèbe, dans les circonstances des temps où il s'est trouvé, n'avait osé dire ouvertement que les oracles ne fussent pas l'ouvrage des démons ; mais qu'en faisant semblant de le soutenir, il eût insinué le contraire avec le plus d'adresse qu'il eût pu.

C'est à nous à croire l'un ou l'autre, selon que nous estimerons plus ou moins Eusèbe. Pour moi, je crois voir clairement que, dans l'endroit dont il est question, il n'y a placé les démons que par manière d'acquit et par un respect forcé qu'il a eu pour l'opinion commune.

Un passage d'Origène, dans son livre septième contre Celse, prouve assez bien qu'il n'attribuait les oracles aux démons que pour s'accommoder au temps et à l'état où était alors cette grande dispute entre les chrétiens et les païens.

« Je pourrais, dit-il, me servir de l'autorité d'Aristote et des péripatéticiens pour rendre la Pythie fort suspecte ; je pourrais tirer des écrits d'Épicure et de ses sectateurs une infinité de choses qui décréditeraient les oracles et je ferais voir aisément que les Grecs eux-mêmes n'en faisaient pas trop de cas ; mais j'accorde que ce n'étaient point des fictions ni des impostures ; voyons si en ce cas-là même, à examiner la chose de près, il serait besoin que quelque dieu s'en fût mêlé et s'il ne serait pas plus raisonnable d'y faire présider de mauvais démons et des génies ennemis du genre humain. »

Il paraît assez que naturellement Origène eût cru des oracles ce que nous en croyons ; mais les païens, qui les produisaient pour un titre de la divinité de leur religion, n'avaient garde de consentir qu'ils ne fussent qu'un artifice de leurs prêtres. Il fallait donc, pour gagner quelque chose sur les païens, leur accorder ce qu'ils soutenaient si opiniâtrement et leur faire voir que, quand même il y aurait eu du surnaturel dans les oracles, ce n'était pas à dire que la vraie Divinité y eût eu part ; alors, on était obligé de mettre les démons en jeu.

Il est vrai qu'absolument parlant, il valait mieux en exclure tout à fait les démons, et que l'on eût donné par là une plus grande atteinte à la religion païenne ; mais tout le monde ne pénétrait peut-être pas si avant dans cette matière, et l'on croyait faire bien assez lorsque, par l'hypothèse des démons, qui satisfait à tout avec deux paroles, on rendrait inutile aux païens toutes les choses miraculeuses qu'ils pouvaient jamais alléguer en faveur de leur faux culte.

Voilà apparemment ce qui fut cause que, dans les premiers siècles de l'Église, on embrassa si généralement ce système sur les oracles. Nous percevons encore assez dans les ténèbres d'une antiquité si éloignée pour y démêler que les chrétiens ne prenaient pas tant cette opinion à cause de la vérité qu'ils y trouvaient qu'à cause de la facilité qu'elle leur donnait à combattre le paganisme, et s'ils renaissaient dans les temps où nous sommes, délivrés, comme nous, des raisons étrangères qui les déterminaient à ce parti, je ne doute point qu'ils ne suivissent presque tous le nôtre.

Jusqu'ici, nous n'avons fait que lever les préjugés qui sont contraires à notre opinion et que l'on tire ou du système de la religion chrétienne, ou de la philosophie, ou du sentiment général des païens et des chrétiens mêmes. Nous avons répondu à tout cela, non pas en nous tenant simplement sur la défensive, mais le plus souvent même en attaquant. Il faut présentement attaquer encore avec plus de force et faire voir, par toutes les circonstances particulières qu'on peut remarquer dans les oracles, qu'ils n'ont jamais mérité d'être attribués à des génies.

CHAPITRE X

Oracles corrompus.

On corrompait les oracles avec une facilité qui faisait bien voir qu'on avait affaire à des hommes. La Pythie philippise, disait Démosthène lorsqu'il se plaignait que les oracles de Delphes étaient toujours conformes aux intérêts de Philippe.

Quand Cléomène, roi de Sparte, voulut dépouiller de la royauté Démarate, l'autre roi, sous prétexte qu'il n'était pas fils d'Ariston son prédécesseur et qu'Ariston lui-même s'était plaint qu'il lui était né trop peu de temps après son mariage, on envoya à l'oracle sur une question si difficile, et, en effet, elle était de la nature de celles qui ne peuvent être décidées que par les dieux. Mais Cléomène avait pris les devants auprès de la supérieure des prêtresses de Delphes ; elle déclara que Démarate n'était point fils d'Ariston. La fourberie fut découverte quelque temps après, et la prêtresse privée de sa dignité. Il fallait bien venger l'honneur de l'oracle et tâcher de le réparer.

Pendant qu'Hippias était tyran d'Athènes, quelques citoyens qu'il avait bannis obtinrent de la Pythie, à force d'argent, que quand il viendrait des Lacédémoniens la consulter sur quoi que ce pût être, elle leur dit toujours qu'ils eussent à délivrer Athènes de la tyrannie. Les Lacédémoniens, à qui on redisait toujours la même chose à tout propos, crurent enfin que les dieux ne leur pardonneraient jamais de mépriser des ordres si fréquents et prirent les armes contre Hippias, quoiqu'il fût leur allié.

Si les démons rendaient les oracles, les démons ne manquaient pas de complaisance pour les princes qui étaient devenus redoutables, et on peut remarquer que l'enfer avait bien des égards pour Alexandre et pour Auguste. Quelques historiens disent nettement qu'Alexandre voulut, d'autorité absolue, être fils de Jupiter Ammon, et pour l'intérêt de sa vanité et pour l'honneur de sa mère, qui était soupçonnée d'avoir eu quelque amant moins considérable que Jupiter. On y a ajouté qu'avant d'aller au temple il fit avertir le dieu de sa volonté, et que le dieu l'exécuta de fort bonne grâce. Les autres auteurs tiennent tout au moins que les prêtres imaginèrent d'eux-mêmes ce moyen de flatter Alexandre. Il n'y a que Plutarque qui fonde toute cette divinité d'Alexandre sur une méprise du prêtre d'Ammon, qui, en saluant ce roi et lui voulant dire en grec : Ô mon fils, prononça dans ces mots S au lieu d'un N, parce qu'étant Libyen, il ne savait pas trop bien prononcer le grec, et ces mots, avec ce changement, signifiaient : Ô fils de Jupiter. Toute la cour ne manqua pas de relever cette faute à l'avantage d'Alexandre ; et sans doute le prêtre lui-même la fit passer pour une inspiration du dieu qui avait conduit sa langue, et confirma, par des oracles, sa mauvaise prononciation. Cette dernière façon de conter l'histoire est peut-être la meilleure. Les petites origines conviennent assez aux grandes choses.

Auguste fut si amoureux de Livie, qu'il l'enleva à son mari toute grosse qu'elle était, et ne se donna pas le loisir d'attendre qu'elle fût accouchée pour l'épouser. Comme l'action était un peu extraordinaire, on en consulta l'oracle. L'oracle, qui savait faire sa cour, ne se contenta pas de l'approuver : il assura que jamais un mariage ne réussissait mieux que quand on épousait une personne déjà grosse. Voilà pourtant, ce me semble, une étrange maxime.

Il n'y avait à Sparte que deux maisons dont on pût prendre des rois. Lysandre, un des plus grands hommes que Sparte ait jamais eus, forma le dessein d'ôter cette distinction trop avantageuse à deux familles et trop injurieuse à toutes les autres, et d'ouvrir le chemin de la royauté à tous ceux qui se sentiraient assez de mérite pour y prétendre. Il fit pour cela un plan si composé et qui embrassait tant de choses, que je m'étonne qu'un homme d'esprit en ait pu espérer quelque succès. Plutarque dit fort bien que c'était comme une démonstration de mathématiques à laquelle on n'arrive que par de longs circuits. Il y avait une femme dans le Pont qui prétendait être grosse d'Apollon. Lysandre jeta les yeux sur ce fils d'Apollon, pour s'en servir quand il serait né. C'était avoir des vues bien étendues. Il fit courir le bruit que les prêtres de Delphes gardaient d'anciens oracles qu'il ne leur était pas permis de lire, parce qu'Apollon avait réservé ce droit à quelqu'un qui serait sorti de son sang et qui viendrait à Delphes faire reconnaître sa naissance. Ce fils d'Apollon devait être le petit enfant du Pont ; et parmi ces oracles si mystérieux, il devait y en avoir qui eussent annoncé aux Spartiates qu'il ne fallait donner la couronne qu'au mérite, sans avoir égard aux familles. Il n'était plus question que de composer des oracles, de gagner le fils d'Apollon, qui s'appelait Silénus, de le faire venir à Delphes et de corrompre les prêtres. Tout cela était fait, ce qui me paraît fort surprenant ; car quelles machines n'avait-il pas fallu faire jouer ? Déjà Silénus était en Grèce, et il se préparait à s'aller faire reconnaître à Delphes pour fils d'Apollon ; mais malheureusement un des ministres de Lysandre fut effrayé, quoique tard, de se voir embarqué dans une affaire si délicate, et il ruina tout.

On ne peut guère voir un exemple plus remarquable de la corruption des oracles ; mais, en le rapportant, je ne veux pas dissimuler ce que mon auteur dissimule : c'est que Lysandre avait déjà essayé de corrompre beaucoup d'autres oracles et n'en avait pu venir à bout. Dodone avait résisté à son argent ; Jupiter Ammon avait été inflexible, et même les prêtres du lieu députèrent à Sparte pour accuser Lysandre ; mais il se tira d'affaire par son crédit. La grande prêtresse même de Delphes avait refusé de lui vendre sa voix ; et cela me fait croire qu'il y avait à Delphes deux collèges qui n'avaient rien de commun : l'un de prêtres et l'autre de prêtresses ; car Lysandre, qui ne put corrompre la grande prêtresse, corrompit bien les prêtres. Les prêtresses étaient les seules qui rendissent les oracles de vive voix et qui fissent les enragées sur le trépied ; mais apparemment les prêtres avaient un bureau de prophéties écrites, dont ils étaient les maîtres, les dispensateurs et les interprètes.

Je ne doute point que ces gens-là, pour l'honneur de leur métier, ne fissent quelquefois les difficiles avec ceux qui les voulaient gagner, surtout si on leur demandait des choses dont il n'y eût pas lieu d'espérer beaucoup de succès, telle qu'était la nouveauté que Lysandre avait dessein d'introduire dans le gouvernement de Sparte. Peut-être même le parti d'Agésilas, qui était alors opposé à celui de Lysandre, avait soupçonné quelque chose de ce projet et avait pris les devants auprès des oracles. Les prêtres d'Ammon eussent-ils pris la peine de venir du fond de la Libye à Sparte faire un procès à un homme tel que Lysandre, s'ils ne se fussent entendus avec ses ennemis et s'ils n'y eussent été poussés par eux ?

CHAPITRE XI

Nouveaux établissements d'oracles.

L es oracles qu'on établissait quelquefois de nouveau, font autant de tort aux démons que les oracles corrompus.

Après la mort d'Éphestion, Alexandre voulut absolument, pour se consoler, qu'Éphestion fût dieu. Tous les courtisans y consentirent sans peine ; aussitôt voilà des temples que l'on bâtit à Éphestion en plusieurs villes, des fêtes qu'on institue en son honneur, des sacrifices qu'on lui fait, des guérisons miraculeuses qu'on lui attribue, et, afin qu'il n'y manquât rien, des oracles qu'on lui fait rendre. Lucien dit qu'Alexandre, étonné d'abord de voir la divinité Éphestion réussir si bien, la crut enfin vraie lui-même, et se sut bon gré de n'être pas seulement dieu, mais d'avoir encore le pouvoir de faire des dieux.

Adrien fit les mêmes folies pour le bel Antinous. Il fit bâtir, en mémoire de lui, la ville d'Antinopolis, lui donna des temples et des prophètes, dit saint Jérôme. Or, il n'y avait des prophètes que dans les temples à oracles. Nous avons encore une inscription grecque qui porte :

A. ANTINOUS
LE COMPAGNON DES DIEUX D'EGYPTE

M. Ulpius Apollonius, son prophète.

Après cela on ne sera pas surpris qu'Auguste ait aussi rendu des oracles, ainsi que nous l'apprenons de Prudence. Assurément Auguste valait bien Antinous et Éphestion, qui, selon toutes les apparences, ne durent leur divinité qu'à leur beauté.

Sans doute ces nouveaux oracles faisaient faire des réflexions à ceux qui étaient le moins du monde capables d'en faire. N'y avait-il pas assez de sujets de croire qu'ils étaient de la même nature que les anciens, et pour juger de l'origine de ceux d'Amphiaraos, de Trophonius, d'Orphée, d'Apollon même, ne suffisait-il pas de voir l'origine de ceux d'Antinous, Éphestion et d'Auguste ?

Nous ne voyons pourtant pas, à dire le vrai, que ces nouveaux oracles fussent dans le même crédit que les anciens ; il s'en fallait beaucoup.

On ne faisait rendre à ces dieux de nouvelle création qu'autant de réponses qu'il en fallait pour en pouvoir faire sa cour aux princes ; mais, du reste, on ne les consultait pas bien sérieusement, et quand il était question de quelque chose d'important, on allait à Delphes. Les vieux trépieds étaient en possession de l'avenir depuis un temps immémorial, et la parole d'un dieu expérimenté était bien plus sûre que celle de ces dieux qui n'avaient encore nulle expérience.

Les empereurs romains, qui étaient intéressés à faire valoir la divinité de leurs prédécesseurs, puisqu'une pareille divinité les attendait, auraient dû tâcher à rendre plus célèbres les oracles des empereurs déifiés comme Auguste, si ce n'eût été que les peuples, accoutumés à leurs anciens oracles, ne pouvaient prendre la même confiance pour les autres. Je croirais bien même que, quelque penchant qu'ils eussent aux plus ridicules superstitions, ils se moquaient de ces nouveaux oracles, et, en général, de toutes les nouvelles institutions de dieux. Le moyen qu'on prit l'aigle qui se lâchait du bûcher d'un empereur romain pour l'âme de cet empereur qui allait prendre sa place au ciel ?

Pourquoi donc le peuple avait-il été trompé à la première institution des dieux et des oracles ? En voici, je crois, la raison. Pour ce qui regarde les dieux, le paganisme n'en a eu que de deux sortes principales : ou des dieux que l'on supposait être essentiellement de nature divine, ou des dieux qui ne l'étaient devenus qu'après avoir été de nature humaine. Les premiers avaient été annoncés par les sages ou par les législateurs avec beaucoup de mystère, et le peuple ni ne les voyait ni ne les avait vus. Les seconds, quoiqu'ils eussent été hommes aux yeux de tout le monde, avaient été érigés en dieux par un mouvement naturel des peuples, touchés de leurs bienfaits. On se formait une idée très relevée des uns parce qu'on ne les voyait point, et des autres parce qu'on les aimait ; mais on n'en pouvait pas faire autant pour un empereur romain, qui était dieu par ordre de la cour, et non pas par l'amour du peuple, et qui, outre cela, venait d'être homme publiquement.

Quant aux oracles, leur premier établissement n'est pas non plus difficile à expliquer. Donnez-moi une demi-douzaine de personnes à qui je puisse persuader que ce n'est pas le soleil qui fait le jour, je ne désespérerai pas que des nations entières n'embrassent cette opinion. Quelque ridicule que soit une pensée, il ne faut que trouver moyen de la maintenir pendant quelque temps : la voilà qui devient ancienne, et elle est suffisamment prouvée. Il y avait sur le Parnasse un trou, d'où il sortait une exhalaison qui faisait danser les chèvres et qui montait à la tête. Peut-être quelqu'un qui en fut entêté se mit à parler sans savoir ce qu'il disait, et dit quelque vérité. Aussitôt il faut qu'il y ait quelque chose de divin dans cette exhalaison ; elle contient la science de l'avenir : on commence à ne s'approcher plus de ce trou qu'avec respect ; les cérémonies se forment peu à peu. Ainsi naquit apparemment l'oracle de Delphes ; et comme il devait son origine à une exhalaison qui entêtait, il fallait absolument que la Pythie entrât en fureur pour prophétiser. Dans la plupart des autres oracles, la fureur n'était pas nécessaire. Qu'il y en ait une fois un d'établi, vous jugez bien qu'il va s'en établir mille. Si les dieux parlent bien là, pourquoi ne parleront-ils point ici ? Les peuples, frappés du merveilleux de la chose, et avides de l'utilité qu'ils en espèrent, ne demandent qu'à voir naître des oracles, en tous lieux, et puis l'ancienneté survient à tous ces oracles, qui leur fait tous les biens du monde. Les nouveaux n'avaient garde de réussir tant : c'étaient les princes qui les établissaient. Les peuples croient bien mieux à ce qu'ils ont fait eux-mêmes.

Ajoutez à tout cela que, dans le temps de la première institution et des dieux et des oracles, l'ignorance était beaucoup plus grande qu'elle ne fut dans la suite. La philosophie n'était point encore née, et les superstitions les plus extravagantes n'avaient aucune contradiction à essuyer de sa part. Il est vrai que ce qu'on appelle le peuple n'est jamais fort éclairé ; cependant, la grossièreté dont il est toujours reçoit encore quelque différence selon les siècles ; du moins, il y en a où tout le monde est peuple, et ceux-là sont sans comparaison les plus favorables à l'établissement des erreurs. Ce n'est donc pas merveille si les peuples faisaient moins de cas des nouveaux oracles que des anciens ; mais cela n'empêchait pas que les anciens ne ressemblassent parfaitement aux nouveaux. Ou un démon allait se loger dans un temple Éphestion, pour y rendre des oracles, dès qu'il avait plu à Alexandre d'en faire élever un à Éphestion comme à un dieu ; ou, s'il se rendait des oracles dans ce temple sans démon, il pouvait bien s'en rendre de même dans le temple d'Apollon Pythien. Or, il serait, ce me semble, fort étrange et fort surprenant qu'il n'eût fallu qu'une fantaisie d'Alexandre pour envoyer un démon en possession d'un temple, et faire naître par là une éternelle occasion d'erreur à tous les hommes.

CHAPITRE XII

Lieux où étaient les oracles.

Nous allons entrer présentement dans le détail des artifices que pratiquaient les prêtres : cela renferme beaucoup de choses de l'antiquité assez agréables et assez particulières.

Les pays montagneux, et par conséquent pleins d'antres et de cavernes, étaient les plus abondants en oracles. Telle était la Béotie, qui anciennement, dit Plutarque, en avait une très grande quantité. Remarquez, en passant, que les Béotiens étaient en réputation d'être les plus sottes gens du monde ; c'était là un bon pays pour les oracles : des sots et des cavernes !

Je ne crois point que le premier établissement des oracles ait été une imposture méditée ; mais le peuple tomba dans quelque superstition qui donna lieu à des gens un peu plus raffinés d'en profiter. Car les sottises du peuple sont telles, assez souvent, qu'elles n'ont pu être prévues ! et quelquefois ceux qui le trompent ne songeaient à rien moins et ont été invités par lui-même à le tromper. Ainsi ma pensée est qu'on n'a point mis d'abord les oracles dans la Béotie parce qu'elle est montagneuse, mais que l'oracle de Delphes ayant une fois pris naissance dans la Béotie de la manière que nous avons dit, les autres, que l'on fit à son imitation dans le même pays, furent mis dans des cavernes, parce que les prêtres en avaient reconnu la commodité.

Cet usage ensuite se répandit presque partout. Le prétexte des exhalaisons divines rendait les cavernes nécessaires ; et il semble de plus que les cavernes inspirent d'elles-mêmes je ne sais quelle horreur qui n'est pas inutile à la superstition. Dans les choses qui ne sont faites que pour frapper l'imagination des hommes, il ne faut rien négliger. Peut-être la situation de Delphes a-t-elle bien servi à la faire regarder comme une ville sainte. Elle était à moitié chemin de la montagne du Parnasse, bâtie sur un peu de terre-plein et environnée de précipices qui la fortifiaient sans le secours de l'art. La partie de la montagne qui était au-dessus avait à peu près la figure d'un théâtre, et le cri des hommes et le son des trompettes se multipliaient dans les rochers. Croyez qu'il n'y avait pas jusqu'à ces échos qui ne valussent leur prix.

La commodité des prêtres et la majesté des oracles demandaient donc également des cavernes ; aussi ne voyez-vous pas un si grand nombre de temples prophétiques en plat pays ; mais, s'il y en avait quelques-uns, on savait bien remédier à ce défaut de leur situation : au lieu de cavernes naturelles, on en faisait d'artificielles, c'est-à-dire de ces sanctuaires qui étaient des espèces d'antres où résidait particulièrement la divinité et où d'autres que les prêtres n'entraient jamais.

Quand la Pythie se mettait sur le trépied, c'était dans son sanctuaire, lieu obscur et éloigné d'une certaine petite chambre où se tenaient ceux qui venaient consulter l'oracle. L'ouverture même de ce sanctuaire était couverte de feuillages de laurier, et ceux à qui on permettait d'en approcher n'avaient garde d'y rien voir.

D'où croyez-vous que vienne la diversité avec laquelle les anciens parlent de la forme de leurs oracles ? C'est qu'ils ne voyaient point ce qui se passait dans le fond de leurs temples.

Par exemple, ils ne s'accordent point les uns avec les autres sur l'oracle de Dodone, et cependant, que devait-il y avoir de plus connu des Grecs ? Aristote, au rapport de Suidas, dit qu'à Dodone il y a deux colonnes, sur l'une desquelles est un bassin d'airain, et sur l'autre la statue d'un enfant qui tient un fouet, dont les cordes, étant aussi d'airain, font du bruit contre le bassin lorsqu'elles y sont poussées par le vent.

Démon, suivant le même Suidas, dit que l'oracle de Jupiter Dodonéen est tout environné de bassins qui, aussitôt que l'un est poussé contre l'autre, se communiquent ce mouvement en rond, et font un bruit qui dure assez de temps.

D'autres disent que c'était un chêne résonnant qui secouait ses branches et ses feuilles lorsqu'il était consulté, et qui déclarait ses volontés par des prêtresses nommées Dodonides.

Il paraît bien, par tout cela, qu'il n'y avait que le bruit de constant, parce qu'on l'entendait de dehors ; mais comme on ne voyait point le dedans du lieu où se rendait l'oracle, on ne savait que par conjecture ou par le rapport infidèle des prêtres ce qui causait le bruit. Il se trouve pourtant dans l'histoire que quelques personnes ont eu le privilège d'entrer dans ces sanctuaires ; mais ce n'étaient pas des gens moins considérables qu'Alexandre et Vespasien. Strabon rapporte de Callisthène qu'Alexandre entra seul avec le prêtre dans le sanctuaire d'Ammon, et que tous les autres n'entendirent l'oracle que de dehors.

Tacite dit aussi que Vespasien, étant à Alexandrie et ayant déjà des desseins sur l'empire, voulut consulter l'oracle de Sérapis, mais qu'il fit auparavant sortir tout le monde du temple. Peut-être cependant n'entra-t-il pas pour cela dans le sanctuaire. À ce compte, les exemples d'un tel privilège seront très rares, car mon auteur avoue qu'il n'en connaît point d'autres que ces deux-là, si ce n'est peut-être qu'on y veuille ajouter ce que Tacite dit de Titus, à qui le prêtre de la Vénus de Paphos ne voulut découvrir qu'en secret beaucoup de grandes choses qui regardaient les desseins qu'il méditait alors ; mais cet exemple prouve encore moins que celui de Vespasien la liberté que les prêtres accordaient aux grands d'entrer dans les sanctuaires de leurs temples. Sans doute il fallait un grand crédit pour les obliger à la confidence de leurs mystères, et même ils ne la faisaient qu'à des princes naturellement intéressés à leur garder le secret, et qui, dans le cas où ils se trouvaient, avaient quelque raison particulière de faire valoir les oracles.

Dans ces sanctuaires ténébreux étaient cachées toutes les machines des prêtres, et ils y entraient par des conduits souterrains.

Rufin nous décrit le temple de Sérapis tout plein de chemins couverts ; et, pour rapporter un témoignage encore plus fort que le sien, l'Écriture sainte ne nous apprend-elle pas comment Daniel découvrit l'imposture des prêtres de Bélus, qui savaient bien rentrer secrètement dans son temple pour prendre les viandes qu'on y avait offertes ? Il me semble que cette histoire seule devait décider toute la question en notre faveur. Il s'agit là d'un des miracles du paganisme qui était cru le plus universellement, de ces victimes que les dieux prenaient la peine de venir manger eux-mêmes. L'Écriture attribue-t-elle ce prodige aux démons ? Point du tout, mais à des prêtres imposteurs ; et c'est là la seule fois où l'Écriture s'étend un peu sur un prodige du paganisme ; et en ne nous avertissant point que tous les autres n'étaient pas de la même nature, elle nous donne à entendre fort clairement qu'ils en étaient. Combien, après tout, devait-il être plus aisé de persuader aux peuples que les dieux descendaient dans des temples pour leur parler, leur donner des instructions utiles, que de leur persuader qu'ils venaient manger des membres de chèvres et de moutons ? Et si les prêtres mangeaient bien en la place des dieux, à plus forte raison pouvaient-ils parler aussi en leur place.

Les voûtes des sanctuaires augmentaient la voix et faisaient un retentissement qui imprimait de la terreur ; aussi voyez-vous dans tous les poètes que la Pythie poussait une voix plus qu'humaine ; peut-être même les trompettes, qui multipliaient le son, n'étaient-elles pas alors tout à fait inconnues ; peut-être le chevalier Morland n'a-t-il fait que renouveler un secret que les prêtres païens avaient su avant lui, et dont ils avaient mieux aimé tirer du profit, en ne le publiant pas, que de l'honneur en le publiant. Du moins, le P. Kirker assure qu'Alexandre avait une de ces trompettes avec laquelle il se faisait entendre de toute son armée en même temps.

Je ne veux pas oublier une bagatelle qui peut servir à marquer l'extrême application que les prêtres avaient à fourber. Du sanctuaire ou du fond des temples il sortait quelquefois une vapeur très agréable, qui remplissait tout le lieu où étaient les consultants. C'était l'arrivée du dieu qui parfumait tout. Juger si des gens qui poussaient jusqu'à ces minuties, presque inutiles, l'exactitude de leurs impostures, pouvaient rien négliger d'essentiel.

CHAPITRE XIII

Distinctions de jours et autres mystères des oracles.

Les prêtres n'oubliaient aucune sorte de précaution. Ils marquaient à leur gré de certains jours où il n'était point permis de consulter l'oracle. Cela avait un air mystérieux, ce qui est déjà beaucoup en pareilles matières ; mais la principale utilité qu'ils en retiraient, c'est qu'ils pouvaient vous renvoyer sur ce prétexte, s'ils avaient des raisons pour ne pas vouloir vous répondre, ou que, pendant ce temps de silence, ils prenaient leurs mesures et faisaient leurs préparatifs.

À l'occasion de ces prétendus jours malheureux, il fut rendu à Alexandre un des plus jolis oracles qui ait jamais été. Il était allé à Delphes pour consulter le dieu, et la prêtresse, qui prétendait qu'il n'était point alors permis de l'interroger, ne voulait point entrer dans le temple.

Alexandre, qui était brusque, la prit par le bras pour l'y mener de force, et elle s'écria :

— Ah ! mon fils, on ne peut te résister.

— Je n'en veux pas davantage, dit Alexandre, cet oracle me suffit.

Les prêtres avaient encore un secret pour gagner du temps, quand il leur plaisait. Avant que de consulter l'oracle, il fallait sacrifier ; et si les entrailles des victimes n'étaient pas heureuses, le dieu n'était pas encore en humeur de répondre. Et qui jugeait des entrailles des victimes ? Les prêtres. Le plus souvent même, ainsi qu'il paraît par beaucoup d'exemples, ils étaient seuls à les examiner ; et tel qu'on obligeait à recommencer le sacrifice, avait pourtant immolé un animal dont le cœur et le foie étaient les plus beaux du monde.

Ce qu'on appelait les mystères et les cérémonies secrètes d'un dieu était sans doute un des meilleurs artifices que les prêtres eussent imaginés pour leur sûreté. Ils ne pouvaient si bien couvrir leur jeu, que bien des gens ne soupçonnassent la fourberie. Ils s'avisèrent d'établir de certains mystères qui engageaient à un secret inviolable ceux qui y étaient initiés.

Il est vrai qu'il y avait de ces mystères dans des temples qui n'avaient point d'oracles ; mais il y en avait aussi dans beaucoup de temples à oracles, par exemple, dans celui de Delphes. Plutarque, dans ce dialogue si souvent cité, dit qu'il n'y avait personne à Delphes, ni dans tout ce pays, qui ne fût initié aux mystères. Ainsi tout était dans la dépendance des prêtres ; si quelqu'un eût osé ouvrir la bouche contre eux, on eût bien crié à l'athée et à l'impie et on lui eût fait des affaires dont il ne se fût jamais tiré.

Sans les mystères, les habitants de Delphes n'eussent pas laissé d'être toujours engagés à garder le secret aux prêtres sur leurs friponneries, car Delphes était une ville qui n'avait point d'autre revenu que celui de son temple, et qui ne vivait que d'oracles ; mais les prêtres s'assuraient encore mieux de ces peuples en se les attachant par le double lien de l'intérêt et de la superstition. On eût été bien reçu à parler contre les oracles dans une telle ville !

Ceux qu'on initiait aux mystères donnaient des assurances de leur discrétion ; ils étaient obligés à faire aux prêtres une confession de tout ce qu'il y avait de plus caché dans leur vie, et c'était après cela à ces pauvres initiés à prier les prêtres de leur garder le secret.

Ce fut sur cette confession qu'un Lacédémonien, qui s'allait faire initier aux mystères de Samothrace, dit brusquement aux prêtres :

— Si j'ai fait des crimes, les dieux le savent bien. Un autre répondit à peu près de la même façon.

— Est-ce à toi ou au dieu qu'il faut confesser ses crimes ?

— C'est au dieu, dit le prêtre.

— Eh bien, retire-toi donc, reprit le Lacédémonien, et je les confesserai au dieu.

Tous ces Lacédémoniens n'avaient pas extrêmement l'esprit de dévotion. Mais ne pouvait-il pas se trouver quelque impie qui allât, avec une fausse confession, se faire initier aux mystères et qui en découvrit ensuite toute l'extravagance et publiât la fourberie des prêtres ?

Je crois que ce malheur a pu arriver, et je crois aussi que les prêtres le prévenaient autant qu'il leur était possible. Ils voyaient bien à qui ils avaient affaire, et je vous garantis que les deux Lacédémoniens dont nous venons de parler ne furent point reçus. De plus, on avait déclaré les épicuriens incapables d'être initiés aux mystères, parce que c'étaient des gens qui faisaient profession de s'en moquer, et je ne crois pas même qu'on leur rendît d'oracles. Ce n'était pas une chose difficile que de les reconnaître ; tous ceux d'entre les Grecs qui se mêlaient un peu de littérature, faisaient choix d'une secte de philosophie, et le surnom qu'ils tiraient de leur secte était presque ce qu'est parmi nous celui qu'on prend d'une terre. On distinguait, par exemple, trois Démétrius parce que l'un était Démétrius le Cynique, l'autre Démétrius le Stoïcien, l'autre Démétrius le Péripatéticien.

La coutume d'exclure les épicuriens de tous les mystères était si générale et si nécessaire pour la sûreté des choses sacrées, qu'elle fut prise par ce grand fourbe dont Lucien nous décrit si agréablement la vie, cet Alexandre qui joua si longtemps les Grecs avec ses serpents. Il avait même ajouté les chrétiens aux épicuriens, parce qu'à son égard ils ne valaient pas mieux les uns que les autres ; et avant que de commencer ses cérémonies, il criait : « Qu'on chasse d'ici les chrétiens » ; à quoi le peuple répondait, comme en une espèce de chœur : « Qu'on chasse les épicuriens. » Il fit bien pis ; car, se voyant tourmenté par ces deux sortes de gens, qui, quoique poussés par différents intérêts, conspiraient à tourner ces cérémonies en ridicule, il déclara que le Pont, où il faisait alors sa demeure, se remplissait d'impies, et que le dieu dont il était le prophète ne parlerait plus, si on ne l'en voulait défaire ; et sur cela il fit courir sus aux chrétiens et aux épicuriens.

L'Apollon de Daphné, faubourg d'Antioche, était dans la même peine, lorsque, du temps de Julien l'Apostat, il répondit à ceux qui lui demandaient la cause de son silence, qu'il s'en fallait prendre à de certains morts enterrés dans le voisinage. Ces morts étaient des martyrs chrétiens, et entre autres saint Babylas. On veut communément que ce fût la présence de ces corps bienheureux qui était aux démons le pouvoir de parler dans l'oracle ; mais il y a plus d'apparence que le grand concours de chrétiens qui se faisait aux sépulcres de ces martyrs incommodait les prêtres d'Apollon, qui n'aimaient pas à avoir pour témoins de leurs actions des ennemis clairvoyants, et qu'ils tâchèrent par ce faux oracle d'obtenir d'un empereur païen qu'il fit jeter hors de là ces corps dont le dieu se plaignait.

Pour revenir présentement aux artifices dont les oracles étaient pleins, et pour comprendre en une seule réflexion toutes celles qu'on peut faire là-dessus, je voudrais bien qu'on me dit pourquoi les démons ne pouvaient prédire l'avenir que dans des trous, dans des cavernes et dans des lieux obscurs, et pourquoi ils ne s'avisaient jamais d'animer une statue, ou de faire parler une prêtresse dans un carrefour, exposée de toutes parts aux yeux de tout le monde.

On pourra dire que les oracles qui se rendaient sur des billets cachetés, et plus encore ceux qui se rendaient en songe, avaient absolument besoin de démons ; mais il nous sera bien aisé de faire voir qu'ils n'avaient rien de plus miraculeux que les autres.

CHAPITRE XIV

Des oracles qui se rendaient sur les billets cachetés.

Les prêtres n'étaient pas scrupuleux jusqu'au point de n'oser décacheter les billets qu'on leur apportait : il fallait qu'on les laissât sur l'autel, après quoi on fermait le temple, où les prêtres savaient bien rentrer sans qu'on s'en aperçût ; ou bien il fallait mettre ces billets entre les mains des prêtres, afin qu'ils dormissent dessus et reçussent en songe la réponse qu'il y fallait faire ; et dans l'un et l'autre cas, ils avaient le loisir et la liberté de les ouvrir. Ils savaient pour cela plusieurs secrets, dont nous voyons quelques-uns mis en pratique par le faux prophète de Lucien. On peut les voir dans Lucien même, si l'on est curieux d'apprendre comment on pouvait décacheter les billets des anciens sans qu'il y parût.

Assurément, on s'était servi de quelqu'un de ces secrets pour ouvrir le billet que ce gouverneur de Cilicie, dont parle Plutarque, avait envoyé à l'oracle de Mopsus, qui était à Malle, ville de cette province. Le gouverneur ne savait que croire des dieux ; il était obsédé d'épicuriens, qui lui avaient jeté beaucoup de doutes dans l'esprit. Il se résolut, comme dit agréablement Plutarque, d'envoyer un espion chez les dieux, pour apprendre ce qui en était. Il lui donna un billet bien cacheté pour le porter à l'oracle de Mopsus. Cet envoyé dormit dans le temple, et vit en songe un homme fort bien fait qui lui dit noir. Il porta cette réponse au gouverneur. Elle parut très ridicule à tous les épicuriens de sa cour ; mais il en fut frappé d'étonnement et d'admiration ; et en leur ouvrant son billet, il leur montra ces mots qu'il y avait écrits : T'immolerai-je un bœuf blanc ou noir ? Après ce miracle, il fut toute sa vie fort dévot au dieu Mopsus. Nous éclaircirons ensuite ce qui regarde le songe ; il suffit présentement que le billet avait pu être décacheté et refermé avec adresse. Il avait toujours fallu le porter au temple, et il n'eût pas été nécessaire qu'il fût sorti des mains du gouverneur, si un démon eût dû y répondre.

Si les prêtres n'osaient se hasarder à décacheter les billets, ils tâchaient de savoir adroitement ce qui amenait les gens à l'oracle. D'ordinaire, c'étaient des gens considérables, qui avaient dans la tête quelque dessein ou quelque passion qui n'était pas inconnue dans le monde. Les prêtres avaient tant de commerce avec eux, à l'occasion des sacrifices qu'il fallait faire, ou des délais qu'il fallait observer avant que l'oracle parlât, qu'il n'était pas trop difficile de tirer de leur bouche, ou du moins de conjecturer quel était le sujet de leur voyage. On leur faisait recommencer sacrifices sur sacrifices, jusqu'à ce qu'on se fût éclairci. On les mettait entre les mains de certains menus officiers du temple, qui, sous prétexte de leur en montrer les antiquités, les statues, les peintures, les offrandes, avaient l'art de les faire parler sur leurs affaires. Ces antiquaires, pareils à ceux qui vivent aujourd'hui de ce métier en Italie, se trouvaient dans tous les temples un peu considérables. Ils savaient par cœur tous les miracles qui s'y étaient faits ; ils vous faisaient bien valoir la puissance et les merveilles du dieu ; ils vous contaient fort au long l'histoire de chaque présent qu'on lui avait consacré. Sur cela, Lucien dit assez plaisamment que tous ces gens-là ne vivaient et ne subsistaient que de fables, et que dans la Grèce on eût été bien fâché d'apprendre des vérités dont il n'eût rien coûté. Si ceux qui venaient consulter l'oracle ne parlaient point, leurs domestiques se taisaient-ils ? Il faut savoir que dans une ville à oracle, il n'y avait presque que des officiers de l'oracle. Les uns étaient prophètes et prêtres ; les autres poètes, qui habillaient en vers les oracles rendus en prose ; les autres simples interprètes ; les autres petits sacrificateurs, qui immolaient les victimes et en examinaient les entrailles ; les autres vendeurs de parfums ou d'encens, ou de bêtes pour les sacrifices ; les autres antiquaires ; les autres, enfin, n'étaient que des hôteliers, que le grand abord des étrangers enrichissait. Tous ces gens-là étaient dans les intérêts de l'oracle et du dieu ; et si, par le moyen des domestiques et des étrangers, ils découvraient quelque chose qui fût bon à savoir, vous ne devez pas douter que les prêtres n'en fussent avertis.

Le faux prophète Alexandre, qui avait établi son oracle dans le Pont, avait bien jusque dans Rome des correspondants, qui lui mandaient les affaires les plus secrètes de ceux qui l'allaient consulter.

Par ces moyens, on pouvait répondre même sans avoir besoin de recevoir de billet ; et ces moyens n'étaient pas sans doute inconnus aux prêtres de l'Apollon de Claros, s'il est vrai qu'il suffisait de leur dire le nom de ceux qui les consultaient. Voici comme Tacite en parle au deuxième livre des Annales : « Germanicus alla consulter Apollon de Claros. Ce n'est point une femme qui y rend les oracles comme à Delphes, mais un homme qu'on choisit dans de certaines familles, et qui est presque toujours de Milet. Il suffit de lui dire le nombre et les noms de ceux qui viennent le consulter ; ensuite il se retire dans une grotte, et ayant pris de l'eau d'une source qui y est, il vous répond en vers à ce que vous avez dans l'esprit, quoique le plus souvent il soit très ignorant. »

Nous pourrions remarquer ici que l'on confiait bien à une femme l'oracle de Delphes, parce qu'il n'était question que d'y faire la démoniaque ; mais que comme celui de Claros avait plus de difficulté, on ne le donnait qu'à un homme. Nous pourrions remarquer encore que l'ignorance du prophète, sur laquelle roule une bonne partie de ce qu'il y a de miraculeux dans l'oracle, ne pouvait jamais être fort bien prouvée ; qu'enfin le démon de l'oracle, tout démon qu'il était, ne pouvait se passer de savoir les noms de ceux qui le consultaient. Mais nous n'en sommes pas là présentement ; c'est assez d'avoir fait voir comment on pouvait répondre, non seulement à des billets cachetés, mais à de simples pensées. Il est vrai qu'on ne pouvait pas répondre aux pensées de tout le monde, et que ce que le prêtre de Claros faisait pour Germanicus, il ne l'eût pas pu faire pour un simple bourgeois de Rome.

CHAPITRE XV

Des oracles en songe.

Le nombre est fort grand des oracles qui se rendaient par songes. Cette manière avait plus de merveilleux qu'aucune autre, et avec cela, elle n'était pas fort difficile dans la pratique.

Le plus fameux de tous ces oracles était celui de Trophonius, dans la Béotie. Trophonius n'était qu'un simple héros ; mais ses oracles se rendaient avec plus de cérémonies que ceux d'aucun dieu. Pausanias, qui avait été lui-même le consulter, et qui avait passé par toutes ces cérémonies, nous en a laissé une description fort ample, dont je crois qu'on sera bien aise de trouver ici un abrégé exact.

Avant que de descendre dans l'antre de Trophonius, il fallait passer un certain nombre de jours dans une petite chapelle, qu'on appelait de la Bonne-Fortune et du Bon-Génie. Pendant ce temps, on recevait des expiations de toutes les sortes : on s'abstenait d'eaux chaudes ; on se lavait souvent dans le fleuve Hircinas, on sacrifiait à Trophonius et à toute sa famille, à Apollon, à Jupiter, surnommé roi, à Saturne, à Junon, à une Cérès-Europe, qui avait été nourrice de Trophonius, et on ne vivait que des chairs sacrifiées. Les prêtres apparemment ne vivaient aussi d'autre chose. Il fallait consulter les entrailles de toutes ces victimes, pour voir si Trophonius trouvait bon que l'on descendît dans son antre : mais quand elles auraient été toutes les plus heureuses du monde, ce n'était encore rien ; les entrailles qui décidaient étaient celles d'un certain bélier qu'on immolait en dernier lieu. Si elles étaient favorables, on vous menait la nuit au fleuve Hircinas. Là, deux jeunes enfants de douze à treize ans vous frottaient tout le corps d'huile. Ensuite, on vous conduisait jusqu'à la source du fleuve, et on vous y faisait boire de deux sortes d'eaux, celles de Léthé, qui effaçaient de votre esprit toutes les pensées profanes qui vous avaient occupé auparavant, et celles de Mnémosyne, qui avaient la vertu de vous faire retenir tout ce que vous deviez voir dans l'antre sacré.

Après tous ces préparatifs, on vous faisait voir la statue de Trophonius à qui vous faisiez vos prières ; on vous équipait d'une tunique de lin, on vous mettait de certaines bandelettes sacrées, et enfin vous alliez à l'oracle.

L'oracle était sur une montagne, dans une enceinte faite de pierres blanches, sur laquelle s'élevaient des obélisques d'airain. Dans cette enceinte était une caverne, de la figure d'un four, taillée de main d'homme. Là s'ouvrait un trou assez étroit, où l'on ne descendait point par des degrés, mais par de petites échelles. Quand on y était descendu, on trouvait une autre petite caverne, dont l'entrée était assez étroite. On se couchait à terre : on prenait dans chaque main de certaines compositions de miel, qu'il fallait nécessairement porter ; on passait les pieds dans l'ouverture de la petite caverne, et aussitôt on se sentait emporté au-dedans avec beaucoup de vitesse.

C'était là que l'avenir se déclarait, mais non pas à tous d'une même manière. Les uns voyaient, les autres entendaient. Vous sortiez de l'antre, couché par terre, comme vous y étiez entré, et les pieds les premiers. Aussitôt on vous mettait dans la chaise de Mnémosyne, où l'on vous demandait ce que vous aviez vu ou entendu. Delà, on vous ramenait dans cette chapelle du Bon-Génie, encore tout étourdi et hors de vous. Vous repreniez vos sens peu à peu, et vous recommenciez à pouvoir rire, car jusque-là la grandeur des mystères et la divinité dont vous étiez rempli vous en avaient bien empêché. Pour moi, il me semble qu'on n'eût pas dû attendre si tard pour rire.

Pausanias nous dit qu'il n'y a jamais eu qu'un homme qui soit entré dans l'antre de Trophonius et qui n'en soit pas sorti. C'était un certain espion que Démétrius y envoya pour voir s'il n'y avait pas dans ce lieu saint quelque chose qui fût bon à piller. On trouva loin de là le corps de ce malheureux, qui n'avait point été jeté dehors par l'ouverture sacrée de l'antre.

Il ne nous est que trop aisé de faire nos réflexions sur tout cela. Quels loisirs n'avaient pas les prêtres, pendant tous ces différents sacrifices qu'ils faisaient faire, d'examiner si on était propre à être envoyé dans l'antre ! Car assurément Trophonius choisissait ses gens et ne recevait pas tout le monde. Combien toutes ces ablutions, et ces expiations, et ces voyages nocturnes, et ces passages dans des cavernes étroites et obscures, remplissaient-elles l'esprit de superstition, de frayeur et de crainte ? Combien de machines pouvaient jouer dans ces ténèbres ? L'histoire de l'espion de Démétrius nous apprend qu'il n'y avait pas de sûreté dans l'antre pour ceux qui n'y apportaient pas de bonnes intentions ; et de plus, qu'outre l'ouverture sacrée qui était connue de tout le monde, l'antre en avait une secrète qui n'était connue que des prêtres. Quand on s'y sentait entraîné par les pieds, on était sans doute tiré par des cordes, et on n'avait garde de s'en apercevoir en y portant les mains, puisqu'elles étaient embarrassées de ces compositions de miel qu'il ne fallait pas lâcher. Ces cavernes pouvaient être pleines de parfums et d'odeurs qui troublaient le cerveau ; ces eaux de Léthé et de Mnémosyne pouvaient aussi être préparées pour le même effet. Je ne dis rien des spectacles et des bruits dont on pouvait être épouvanté ; et quand on sortait de là tout hors de soi, on disait ce qu'on avait vu ou entendu à des gens qui, profitant de ce désordre, le recueillaient comme il leur plaisait, y changeaient ce qu'ils voulaient, ou enfin en étaient toujours les interprètes.

Ajoutez à tout cela que de ces oracles qui se rendaient par songes, il y en avait auxquels il fallait se préparer par des jeûnes, comme celui d'Amphiaraos (Philostrate, livre II de la Vie d'Apollonius), dans l'Attique ; que si vos songes ne pouvaient pas recevoir quelque interprétation apparente, on vous faisait dormir dans le temple sur nouveaux frais ; que l'on ne manquait jamais de vous remplir l'esprit d'idées propres à vous faire avoir des songes où il entrât des dieux et des choses extraordinaires ; et qu'on vous faisait dormir le plus souvent sur des peaux de victimes, qui pouvaient avoir été frottées de quelque drogue qui fît son effet sur le cerveau.

Quand c'étaient les prêtres qui, en dormant sur les billets cachetés, avaient eux-mêmes les songes prophétiques, il est clair que la chose est encore plus aisée à expliquer. En vérité, il y avait du superflu dans les soins que prenaient les prêtres païens pour cacher leurs impostures. Si on était assez crédule et assez stupide pour se contenter de leurs songes et pour y ajouter foi, il n'était pas besoin qu'ils laissassent aux autres la liberté d'en avoir ; ils pouvaient se réserver ce droit à eux seuls, sans qu'on y eût trouvé à redire. De la manière dont ces peuples étaient faits, c'était leur faire trop d'honneur que de les fourber avec quelque précaution et quelque adresse. Croira-t-on bien qu'il y avait dans l'Achaïe un oracle de Mercure qui se rendait de cette sorte ? Après beaucoup de cérémonies, on parle au dieu à l'oreille, et on lui demande ce qu'on veut. Ensuite on se bouche les oreilles avec les mains ; on sort du temple, et les premières paroles qu'on entend au sortir de là, c'est la réponse du dieu. Encore, afin qu'il fût plus aisé de faire entendre, sans être aperçu, telles paroles qu'on voudrait, cet oracle ne se rendait que le soir.

CHAPITRE XVI

Ambiguïté des oracles.

Un des plus grands secrets des oracles, et une des choses qui marquent autant que les hommes s'en mêlaient, c'est l'ambiguïté des réponses, et l'art qu'on avait de les accommoder à tous les événements qu'on pouvait prévoir.

Lorsque Alexandre tomba malade tout d'un coup à Babylone, quelques-uns des principaux de sa cour allèrent passer une nuit dans le temple de Sérapis, pour demander à ce dieu s'il ne serait point à propos de lui faire apporter le roi, afin qu'il le guérît. Le dieu répondit qu'il valait mieux pour Alexandre qu'il demeurât où il était. Sérapis avait raison ; car s'il se le fût fait apporter, et qu'Alexandre fût mort en chemin, ou même dans le temple, que n'eût-on pas dit ? Mais si le roi recouvrait sa santé à Babylone, quelle gloire pour l'oracle ! S'il mourait, c'est qu'il lui était avantageux de mourir, après des conquêtes qu'il ne pouvait ni augmenter ni conserver. Il s'en fallut tenir à cette dernière interprétation, qui ne manqua pas d'être trouvée à l'avantage de Sérapis, sitôt qu'Alexandre fut mort.

Macrobe dit que quand Trajan eut pris le dessein d'aller attaquer les Parthes, on le pria d'en consulter l'oracle de la ville d'Héliopolis, auquel il ne fallait qu'envoyer un billet cacheté. Trajan ne se fiait point trop aux oracles, il voulut auparavant éprouver celui-là. Il y envoie un billet cacheté, où il n'y avait rien ; on lui en renvoie autant : voilà Trajan convaincu de la divinité de l'oracle. Il y envoie une seconde fois un autre billet cacheté, par lequel il demandait au dieu s'il retournerait à Rome après avoir mis fin à la guerre qu'il entreprenait. Le dieu ordonna que l'on prît une vigne qui était une des offrandes de son temple, qu'on la mît par morceaux, et qu'on l'apportât à Trajan. L'événement, dit Macrobe, fut parfaitement conforme à cet oracle ; car Trajan mourut à cette guerre, on reporta à Rome ses os qui avaient été représentés par la vigne rompue.

Tout le monde savait assurément que l'empereur songeait à faire la guerre aux Parthes, et qu'il ne consultait l'oracle que sur cela ; et l'oracle eut l'esprit de lui rendre une réponse allégorique et si générale, qu'elle ne pouvait manquer d'être vraie. Car, que Trajan retournât à Rome victorieux, mais blessé, ou ayant perdu une partie de ses soldats ; qu'il fût vaincu, et que son armée fût mise en fuite ; qu'il y arrivât seulement quelque division ; qu'il en arrivât dans celle des Parthes ; qu'il en arrivât même dans Rome, en l'absence de l'empereur ; que les Parthes fussent absolument défaits ; qu'ils ne fussent défaits qu'en partie ; qu'ils fussent abandonnés de quelques-uns de leurs alliés, la vigne rompue convenait merveilleusement à tous ces cas différents ; il y eût eu bien du malheur, s'il n'en fût arrivé aucun ; et je crois que les os de l'empereur reportés à Rome, sur quoi l'on fit tomber l'explication de l'oracle, étaient pourtant la seule chose à quoi l'oracle n'avait point pensé.

À propos de cette vigne, je ne crois pas devoir oublier une espèce d'oracle qui s'accommodait à tout, dont Apulée nous apprend que les prêtres de la déesse de Syrie avaient été les inventeurs. Ils avaient fait deux vers dont le sens était : « Les bœufs attelés coupent la terre, afin que les campagnes produisent leurs fruits. » Avec ces deux vers, il n'y avait rien à quoi ils ne répondissent. Si on les venait consulter sur un mariage, c'était la même chose : des bœufs attelés ensemble, des campagnes fécondes. Si on les consultait sur quelque terre que l'on voulait acheter, voilà des bœufs pour la labourer, voilà des champs fertiles. Si on les consultait sur un voyage, les bœufs sont attelés et tout prêts à partir, ces campagnes fécondes vous promettent un grand gain. Si on allait à la guerre, ces bœufs, sous le joug, ne nous annoncent-ils pas que vous y mettrez aussi vos ennemis ? Cette déesse de Syrie apparemment n'aimait pas à parler, et elle avait trouvé moyen de satisfaire, par une seule réponse, à toutes sortes de questions.

Ceux qui recevaient ces oracles ambigus prenaient volontiers la peine d'y ajuster l'événement, et se chargeaient eux-mêmes de le justifier. Souvent ce qui n'avait eu qu'un sens dans l'intention de celui qui avait rendu l'oracle, se trouvait en avoir deux après l'événement ; et le fourbe pouvait se reposer sur ceux qu'il fourbait, du soin de sauver son honneur. Quand le faux prophète Alexandre répondit à Rutilien, qui lui demandait quels précepteurs il donnerait à son fils, qu'il lui donnât Pythagore et Homère, il entendit tout simplement qu'on lui fît étudier la philosophie et les belles-lettres. Le jeune homme mourut peu de jours après, et on représentait à Rutilien que son prophète s'était bien mépris. Mais Rutilien trouvait, avec beaucoup de subtilité, la mort de son fils annoncée dans l'oracle parce qu'on lui donnait pour précepteurs Pythagore et Homère, qui étaient morts.

CHAPITRE XVII

Fourberies des oracles manifestement découvertes.

Il n'est plus question de deviner les finesses des prêtres par des moyens qui pourraient eux-mêmes paraître trop fins : un temps a été qu'on les a découvertes de toutes parts aux yeux de toute la terre : ce fut quand la religion chrétienne triompha hautement du paganisme sous les empereurs chrétiens.

Théodoret dit que Théophile, évêque d'Alexandrie, fit voir à ceux de cette ville les statues creuses où les prêtres entraient par des chemins cachés, pour y rendre les oracles.

Lorsque, par l'ordre de Constantin, on abattit le temple d'Esculape à Égès en Cilicie, « on en chassa, dit Eusèbe dans la Vie de cet empereur, non pas un dieu ni un démon, mais le fourbe qui en avait si longtemps imposé à la crédulité des peuples ». À cela il ajoute, en général, que, dans les simulacres des dieux abattus, on n'y trouvait rien moins que des dieux ou des démons ; non pas même quelques malheureux spectres obscurs et ténébreux ; mais seulement du foin et de la paille, ou des ordures, ou des os de morts. C'est de lui que nous apprenons l'histoire de Théotecnus, qui consacra, dans la ville d'Antioche, une statue de Jupiter, dieu de l'Amitié, à laquelle il fit sans doute rendre des oracles, puisque Eusèbe dit que ce dieu avait des prophètes. Théotecnus se mit par là en si grand crédit, que Maximin le fit gouverneur de toute la province. Mais Lucinius, étant venu à Antioche, et se doutant de l'imposture, y fit mettre à la question les prêtres et les prophètes de ce nouveau Jupiter. Ils avouèrent tout, et furent punis du dernier supplice, eux et leurs associés, et avant eux tous, Théotecnus leur maître. Le même Eusèbe nous assure encore, au quatrième livre de la Préparation évangélique, que de son temps le plus fameux prophète d'entre les païens et leurs théologiens les plus célèbres, dont quelques-uns même étaient magistrats dans leurs villes, avaient été obligés par les tourments d'expliquer en détail tout l'appareil de la fourberie des oracles. S'il s'agissait présentement de ce que les chrétiens en ont cru, tous ces passages d'Eusèbe décideraient, ce me semble, la question. On plaçait les démons dans un certain système général qui servait pour les disputes : mais quand on venait à un point de fait particulier, on ne parlait guère d'eux ; au contraire, on leur donnait nettement l'exclusion.

Je ne crois pas qu'il puisse jamais y avoir de meilleurs témoins contre les démons que les prêtres païens ; ainsi, après leurs dépositions, la chose me paraît terminée. J'ajouterai seulement ici un chapitre sur les sorts, non pas pour en découvrir l'imposture, car cela est compris dans ce que nous avons dit sur les oracles, et de plus elle se découvre assez d'elle-même, mais pour ne pas oublier une espèce d'oracles très fameux dans l'antiquité.

CHAPITRE XVIII

Des sorts.

Le sort est l'effet du hasard, et comme la décision ou l'oracle de la fortune ; mais les sorts sont les instruments dont on se sert pour savoir quelle est cette décision.

Les sorts étaient le plus souvent des espèces de dés, sur lesquels étaient gravés quelques caractères, ou quelques mots dont on allait chercher l'explication dans des tables faites exprès. Les usages étaient différents sur les sorts : dans quelques temples, on les jetait soi-même ; dans d'autres, on les faisait sortir d'une urne, d'où est venue cette manière de parler si ordinaire aux Grecs, le sort est tombé.

Ce jeu de dés était toujours précédé de sacrifices et de nombreuses cérémonies. Apparemment les prêtres savaient manier les dés ; mais s'ils ne voulaient pas prendre cette peine, ils n'avaient qu'à les laisser aller ; ils étaient toujours maîtres de l'explication.

Les Lacédémoniens allèrent un jour consulter les sorts de Dodone, sur quelque guerre qu'ils entreprenaient ; car outre les chênes parlants, et les colombes, et les bassins, et l'oracle, il y avait encore des sorts à Dodone. Après toutes les cérémonies faites, sur le point qu'on allait jeter les sorts avec beaucoup de respect et de vénération, voilà un singe du roi des Molosses, qui, étant entré dans le temple, renverse les sorts et l'urne. La prêtresse, effrayée, dit aux Lacédémoniens qu'ils ne devaient pas songer à vaincre, mais seulement à se sauver ; et tous les écrivains (Cicéron, livre II de la Divination) assurent que jamais Lacédémone ne reçut un présage plus funeste.

Les plus célèbres entre les sorts étaient à Préneste et à Antium, deux petites villes d'Italie. À Préneste était la Fortune, et à Antium les Fortunes.

Les Fortunes d'Antium avaient cela de remarquable, que c'étaient des statues qui se remuaient d'elles-mêmes, selon le témoignage de Macrobe (livre I, chapitre XXIII), et dont les mouvements différents, ou servaient de réponse, ou marquaient si l'on pouvait consulter les sorts.

Un passage de Cicéron, au livre II de la Divination, où il dit que l'on consultait les sorts de Préneste par le consentement de la Fortune, peut faire croire que cette Fortune savait aussi remuer la tête, ou donner quelque autre signe de ses volontés.

Nous trouvons encore quelques statues qui avaient cette même propriété. Diodore de Sicile et Quinte-Curce disent que Jupiter Ammon était porté par quatre-vingts prêtres dans une gondole d'or, d'où pendaient des coupes d'argent ; qu'il était suivi d'un grand nombre de femmes et de filles, qui chantaient des hymnes en langue du pays ; et que ce Dieu, porté par ses prêtres, les conduisait en leur marquant par quelques mouvements où il voulait aller.

Le dieu d'Héliopolis de Syrie, selon Macrobe, en faisait autant. Toute la différence était qu'il voulait être porté par des gens les plus qualifiés de la province, qui eussent longtemps auparavant vécu en continence, et qui se fussent fait raser la tête.

Lucien, dans le traité de la Déesse de Syrie, dit qu'il a vu un Apollon encore plus miraculeux ; car étant porté sur les épaules de ses prêtres, il s'avisa de les laisser là, et de se promener dans les airs, et cela aux yeux d'un homme tel que Lucien ; ce qui est considérable.

Je suis si las de découvrir les fourberies des prêtres païens, et je suis si persuadé qu'on est las de m'en entendre parler, que je ne m'amuserai point à dire comment on pouvait faire jouer de pareilles marionnettes.

Dans l'Orient, les sorts étaient des flèches, et aujourd'hui encore les Turcs et les Arabes s'en servent de la même manière. Ézéchiel dit que Nabuchodonosor mêla ses flèches contre Ammon et Jérusalem, et que la flèche sortit contre Jérusalem. C'était là une belle manière de résoudre auquel de ces deux peuples il ferait la guerre.

Dans la Grèce et dans l'Italie, on tirait souvent les sorts de quelque poète célèbre, comme Homère ou Euripide ; ce qui se présentait à l'ouverture du livre était l'arrêt du ciel. L'histoire en fournit mille exemples.

On voit même que quelque deux cents ans après la mort de Virgile, on faisait déjà assez de cas de ses vers pour les croire prophétiques, et pour les mettre en la place des sorts qui avaient été à Préneste. Car Alexandre Sévère, encore particulier, et dans le temps que l'empereur Héliogabale ne lui voulait pas de bien, reçut pour réponse, dans le temple de Préneste, cet endroit de Virgile dont le sens est : « Si tu peux surmonter les destins contraires, tu seras Marcellus. »

Ici mon auteur se souvient que Rabelais a parlé des sorts virgilianes, que Panurge va consulter sur son mariage ; et il trouve cet endroit du livre aussi savant qu'il est agréable et badin. Il dit que les bagatelles et les sottises de Rabelais valent souvent mieux que les discours les plus sérieux des autres. Je n'ai point voulu oublier cet éloge, parce que c'est une chose singulière que de la rencontrer au milieu d'un traité des oracles, plein de science et d'érudition. Il est certain que Rabelais avait beaucoup d'esprit et de lecture, et un art très particulier de débiter des choses savantes comme de pures fadaises, et de dire de pures fadaises, le plus souvent, sans ennuyer. C'est dommage qu'il n'ait vécu dans un siècle qui l'eût obligé à plus d'honnêteté et de politesse.

Les sorts passèrent jusque dans le christianisme ; on les prit dans les livres sacrés, au lieu que les païens les prenaient dans leurs poètes. Saint Augustin, dans l'épître 119 à Januarius, paraît ne désapprouver cet usage que sur ce qui regarde les affaires du siècle. Grégoire de Tours nous apprend lui-même quelle était sa pratique ; il passait plusieurs jours dans le jeûne et dans la prière : ensuite il allait au tombeau de saint Martin, où il ouvrait tel livre de l'Écriture qu'il voulait, et il prenait pour la réponse de Dieu le premier passage qui s'offrait à ses yeux. Si ce passage ne faisait rien au sujet, il ouvrait un autre livre de l'Écriture.

D'autres prenaient pour sort divin la première chose qu'ils entendaient chanter en entrant dans l'Église.

Mais qui croirait que l'empereur Héraclius, délibérant en quel lieu il ferait passer l'hiver à son armée, se détermina par cette espèce de sort ? Il fit purifier son armée pendant trois jours, ensuite il ouvrit le livre des Évangiles, et trouva que son quartier d'hiver lui était marqué dans l'Albanie. Était-ce là une affaire dont on pût espérer de trouver la décision dans l'Écriture ?

L'Église est enfin venue à bout d'exterminer cette superstition ; mais il lui a fallu du temps. Du moment que l'erreur est en possession des esprits, c'est merveille si elle ne s'y maintient toujours.

DEUXIEME DISSERTATION

QUE LES ORACLES N'ONT POINT CESSÉ AU TEMPS DE LA VENUE DE JÉSUS-CHRIST.

La plus grande difficulté qui regarde les oracles est surmontée, depuis que nous avons reconnu que les démons n'ont point dû y avoir de part. Les oracles étant ainsi devenus indifférents à la religion chrétienne, on ne s'intéressera plus à les faire finir précisément à la venue de Jésus-Christ.

CHAPITRE PREMIER

Faiblesse des raisons sur lesquelles cette opinion est fondée.

Ce qui a fait croire à la plupart des gens que les oracles avaient cessé à la venue de Jésus-Christ, ce sont les oracles mêmes qui ont été rendus sur le silence des oracles, et l'aveu des païens qui, vers le temps de Jésus-Christ, disent souvent qu'ils ont cessé.

Nous avons déjà vu la fausseté de ces prétendus oracles, par lesquels un démon, devenu muet, disait lui-même qu'il était muet. Ils ont été, ou exposés par le trop de zèle des chrétiens, ou trop facilement reçus par leur crédulité.

Voici un de ceux sur lesquels Eusèbe se fonde pour soutenir que la naissance de Jésus-Christ les a fait cesser. Il est tiré de Porphyre, et Eusèbe ne manque jamais de se prévaloir autant qu'il peut du témoignage de cet ennemi.

« Je t'apprendrai la vérité sur les oracles et de Delphes et de Claros, disait Apollon à son prêtre. Autrefois il sortit du sein de la terre une infinité d'oracles, et des fontaines, et des exhalaisons qui inspiraient des fureurs divines. Mais la terre, par les changements continuels que le temps amène, a repris et fait rentrer en elle-même, et fontaines, et exhalaisons, et oracles. Il ne reste plus que les eaux de

Micale, dans les campagnes de Didyme, et celles de Claros, et l'oracle du Parnasse. »

Sur cela Eusèbe conclut, en général, que tous les oracles avaient cessé.

Il est certain qu'il y en a du moins trois d'exceptés, selon cet oracle qu'il rapporte lui-même ; mais il ne songe qu'à ce commencement qui lui est favorable, et ne s'inquiète point du reste.

Mais cet oracle de Porphyre nous dit-il quand tous ces autres oracles avaient cessé ? Point du tout. Eusèbe veut l'entendre du temps de la venue de Jésus-Christ. Son zèle est louable, mais sa manière de raisonner ne l'est pas tout à fait.

Et quand même l'oracle de Porphyre parlerait du temps de Jésus-Christ, il s'ensuivrait qu'alors plusieurs oracles cessèrent, mais qu'il en resta pourtant quelques-uns.

Eusèbe a peut-être cru que cette exception n'était rien, et qu'il suffisait que le plus grand nombre d'oracles eût cessé ; mais cela ne va pas ainsi. Si les oracles ont été rendus par des démons, que la naissance de Jésus-Christ ait condamnés au silence, nul démon n'a été privilégié. Qu'il soit resté un seul oracle après Jésus-Christ, il ne m'en faut pas davantage ; ce n'est point sa naissance qui a fait taire les oracles. C'est ici un de ces cas où la moindre exception ruine la proposition générale.

Mais peut-être les démons, à la naissance de Jésus-Christ, ont cessé de rendre des oracles, et les oracles n'ont pas laissé de continuer, parce que les prêtres les ont contrefaits.

Cette proposition serait sans aucun fondement. Je prouverai que les oracles ont duré quatre cents ans après Jésus-Christ. On n'a remarqué aucune différence entre ces oracles qui ont suivi la naissance de Jésus-Christ et ceux qui l'avaient précédée. Si les prêtres ont si bien fourbe pendant quatre cents ans, pourquoi ne l'ont-ils pas toujours fait ?

Un des auteurs païens qui ont le plus servi à faire croire que les oracles avaient cessé à la venue de Jésus-Christ, c'est Plutarque. Il vivait quelque cent ans après Jésus-Christ, et il a fait un dialogue sur les oracles qui avaient cessé. Bien des gens, sur ce titre seul, ont formé leur opinion et pris leur parti. Cependant Plutarque excepte positivement l'oracle de Lébadée, c'est-à-dire de Trophonius, et celui de Delphes, où il dit qu'il fallait anciennement deux prêtresses, bien souvent trois, mais qu'alors c'était assez d'une. Du reste, il avoue que les oracles étaient taris dans la Béotie, qui en avait été autrefois une source très féconde.

Tout cela prouve la cessation de quelques oracles et la diminution de quelques autres, mais non pas la cessation entière de tous les oracles ; ce qui serait pourtant absolument nécessaire pour le système commun.

Encore l'oracle de Delphes n'était-il pas si fort déchu du temps de Plutarque ; car lui-même, dans un autre traité, nous dit que le temple de Delphes était plus magnifique qu'on ne l'avait jamais vu ; qu'on en avait relevé d'anciens bâtiments que le temps commençait à ruiner, et qu'on y en avait ajouté d'autres tout modernes ; que même on voyait une petite ville qui, s'étant formée peu à peu auprès de Delphes, en tirait sa nourriture comme un petit arbre qui pousse au pied d'un grand, et que cette petite ville était parvenue à être plus considérable qu'elle n'avait été depuis mille ans. Mais dans ce dialogue même des oracles qui ont cessé, Démétrius Cilicien, l'un des interlocuteurs, dit qu'avant qu'il commençât ses voyages, les oracles d'Amphilochus et de Mopsus en son pays étaient aussi florissants que jamais ; que véritablement depuis qu'il en était parti, il ne savait pas ce qui leur pouvait être arrivé.

Voilà ce qu'on trouve dans ce traité de Plutarque, auquel je ne sais combien de gens savants vous renvoient, pour vous prouver que les oracles ont cessé à la venue de Jésus-Christ.

Ici mon auteur prétend qu'on est tombé aussi dans une méprise grossière sur un passage du second livre de la Divination. Cicéron se moque d'un oracle qu'on disait qu'Apollon avait rendu en latin à Pyrrhus, qui le consultait sur la guerre qu'il allait faire aux Romains. Cet oracle est équivoque, de sorte qu'on ne sait s'il veut dire que Pyrrhus vaincra les Romains, ou que les Romains vaincront Pyrrhus. L'équivoque est attachée à la construction de la phrase latine, et nous ne la saurions rendre en français. Voici les propres termes de Cicéron sur cet oracle.

« Premièrement, dit-il, Apollon n'a jamais parlé latin. Secondement, les Grecs ne connaissent point cet oracle. Troisièmement, Apollon, du temps de Pyrrhus, avait déjà cessé de faire des vers. Enfin, quoique les Éacides, de la famille desquels était Pyrrhus, ne fussent pas gens d'un esprit bien fin ni bien pénétrant, cependant l'équivoque de l'oracle était si manifeste, que Pyrrhus eût dû s'en apercevoir... Mais ce qui est le principal, pourquoi y a-t-il déjà longtemps qu'il ne se rend plus d'oracles à Delphes de cette sorte, ce qui fait qu'il n'y a présentement rien de plus méprisé ? »

C'est sur ces dernières paroles que l'on s'est fondé pour dire que, du temps de Cicéron, il ne se rendait plus d'oracles à Delphes.

Mon auteur dit qu'on se trompe, et que ces mots : Pourquoi ne se rendit-il plus d'oracles de cette sorte ? marquent bien que Cicéron ne parle que des oracles en vers, puisqu'il était alors question d'un oracle renfermé en un vers.

Je ne sais s'il faut être tout à fait de son avis : car voici comme Cicéron continue immédiatement : « Ici, quand on presse les défenseurs des oracles, ils répondent que cette vertu, qui était dans l'exhalaison de la terre, et qui inspirait la Pythie, s'est évaporée avec le temps. Vous diriez qu'ils parlent de quelque vin qui a perdu sa force. Quel temps peut consumer ou épuiser une vertu toute divine ? Or, qu'y a-t-il de plus divin qu'une exhalaison de la terre qui fait un tel effet sur l'âme, qu'elle lui donne, et la connaissance de l'avenir, et le moyen de s'en expliquer en vers ? »

Il me semble que Cicéron entend que la vertu tout entière avait cessé, et il eût bien vu qu'il en eût toujours dû demeurer une bonne partie, quand il ne se fût plus rendu à Delphes que des oracles en prose. N'est-ce donc rien qu'une prophétie, à moins qu'elle ne soit en vers ?

Je ne crois pas qu'on ait eu tant de tort de prendre ce passage pour une preuve de la cessation entière de l'oracle de Delphes ; mais on a eu tort de prétendre en tirer avantage pour attribuer cette cessation à la naissance de Jésus-Christ. L'oracle a cessé trop tôt, puisque, selon ce passage, il avait cessé longtemps avant Cicéron.

Mais il n'est pas vrai que la chose soit comme Cicéron paraît l'avoir entendue en cet endroit. Lui-même, au premier livre de la Divination, fait parler en ces termes Quintus, son frère, qui soutient les oracles : « Je m'arrête sur ce point. Jamais l'oracle de Delphes n'eût été si célèbre, et jamais il n'eût reçu tant d'offrandes des peuples et des rois, si de tout temps on n'eût reconnu la vérité de ses prédictions. Il n'est pas si célèbre présentement. Comme il l'est moins, parce que ses prédictions sont moins vraies, jamais, si elles n'eussent été extrêmement vraies, il n'eût été célèbre au point qu'il l'a été. »

Mais ce qui est encore plus fort, Cicéron même, à ce que dit Plutarque dans sa Vie, avait dans sa jeunesse consulté l'oracle de Delphes sur la conduite qu'il devait tenir dans le monde, et il lui avait été répondu qu'il suivît son génie plutôt que de se régler sur les opinions vulgaires. S'il n'est pas vrai que Cicéron ait consulté l'oracle de Delphes, il faut du moins que, du temps de Cicéron, on le consultât encore.

CHAPITRE II

Pourquoi les auteurs anciens se contredisent souvent sur le temps de la cessation des oracles.

D'où vient donc, dira-t-on, que Lucain, au cinquième livre de la Pharsale, parle en ces termes de l'oracle de Delphes ? « L'oracle de Delphes, qui a gardé le silence depuis que les grands ont redouté l'avenir et ont défendu aux dieux de parler, est le plus considérable de toutes les faveurs du ciel que notre siècle a perdues. »

Et peu après : « Appius, qui voulait savoir quelle serait la destinée de l'Italie, eut la hardiesse d'aller interroger cette caverne depuis si longtemps muette, et d'aller remuer ce trépied oisif depuis si longtemps. »

D'où vient que Juvénal dit, en un endroit : « puisque l'oracle ne parle plus à Delphes » ?

D'où vient enfin que, parmi les auteurs d'un même temps, on en trouve qui disent que l'oracle de Delphes ne parle plus, d'autres qui disent qu'il parle encore ? Et d'où vient que quelquefois un même auteur se contredit sur ce chapitre ?

C'est qu'assurément les oracles n'étaient plus dans leur ancienne vogue, et qu'aussi ils n'étaient pas encore tout à fait ruinés. Ainsi, par rapport à ce qu'ils avaient été autrefois, ils n'étaient plus rien ; et, en effet, ils ne laissaient pourtant pas d'être encore quelque chose.

Il y a plus : il arrivait qu'un oracle était ruiné pour un temps, et qu'ensuite il se relevait, car les oracles étaient sujets à diverses aventures. Il ne les faut pas croire anéantis du moment qu'on les voit muets : ils pourront reprendre la parole.

Plutarque dit qu'anciennement un dragon, qui s'était venu loger sur le Parnasse, avait fait déserter l'oracle de Delphes ; qu'on croyait communément que c'était la solitude qui y avait fait venir le dragon ; mais qu'il y avait plus d'apparence que le dragon y avait causé la solitude ; que, depuis, la Grèce s'était remplie de villes, etc.

Vous voyez que Plutarque vous parle d'un temps assez éloigné. Ainsi l'oracle, depuis sa naissance, avait déjà été abandonné une fois ; ensuite, il est sûr qu'il s'était merveilleusement bien rétabli.

Après cela, le temple de Delphes essuya diverses fortunes. Il fut pillé par un brigand descendu de Phlégios, par l'armée de Xerxès, par les Phocenses, par Pyrrhus, par Néron, enfin par les chrétiens sous Constantin. Tout cela ne faisait pas de bien à l'oracle : les prêtres étaient ou massacrés ou dispersés ; on abandonnait le lieu ; les ustensiles sacrés étaient perdus : il fallait des soins, des frais et du temps pour remettre l'oracle sur pied.

Il se peut donc faire que Cicéron ait, pendant sa jeunesse, consulté l'oracle de Delphes ; que, pendant la guerre de César et de Pompée, et dans ce désordre général de l'univers, l'oracle ait été muet, comme le veut Lucain ; qu'enfin, après le feu de cette guerre, lorsque Cicéron écrivait ses livres de philosophie, il commençait à se rétablir assez pour donner lieu à Quintus de dire qu'il était encore au monde, et assez peu pour donner lieu à Cicéron de supposer qu'il n'y était plus.

Quand Dorimaque, au rapport de Polybe, brûla les portiques du temple de Dodone, renversa de fond en comble le lieu sacré de l'oracle, pilla ou ruina toutes les offrandes, un auteur de ce temps-là aurait bien pu dire que l'oracle de Dodone ne parlait plus. Cela n'empêcherait pas que, dans le siècle suivant, on ne trouvât un autre auteur qui en rapporterait quelque réponse.

CHAPITRE III

Histoire de la durée de l'oracle de Delphes et de quelques autres oracles.

Nous ne saurions mieux prouver que, vers le temps de la naissance de Jésus-Christ, où l'on parle tant du silence de l'oracle de Delphes, il n'avait pas cessé tout à fait, mais était seulement interrompu, qu'en rapportant toutes les occasions différentes où l'on trouve, depuis ce temps-là, qu'il a parlé.

Suétone, dans la Vie de Néron, dit que l'oracle de Delphes l'avertit qu'il se donnât de garde des soixante-treize ans ; que Néron crut qu'il ne devait mourir qu'à cet âge-là, et ne songea point au vieux Galba, qui, étant âgé de soixante-treize ans, lui ôta l'empire. Cela le persuada si bien de son bonheur que, ayant perdu par un naufrage des choses d'un très grand prix, il se vanta que les poissons les lui rapporteraient.

Il fallait qu'il eût reçu du même oracle de Delphes quelque réponse qui lui parût moins agréable, ou qu'il ne se contentât plus d'être destiné à vivre soixante-treize ans, lorsqu'il ôta aux prêtres de Delphes les champs du Cirrhe pour les donner à des soldats ; qu'il enleva du temple plus de cinq cents statues, soit d'hommes, soit de dieux, toutes de bronze ; et que, pour profaner ou pour abolir à jamais l'oracle, il fit égorger des hommes à l'ouverture de la caverne sacrée d'où sortait l'esprit divin.

Que l'oracle, après une telle aventure, ait été muet jusqu'au temps de Domitien, en sorte que Juvénal ait pu dire alors que Delphes ne parlait plus, cela est merveilleux.

Cependant il ne faut pas qu'il ait été tout à fait muet depuis Néron jusqu'à Domitien, car voici comme parle Philostrate dans la Vie d'Apollonius de Tyane, qui a vu Domitien : « Apollonius visita tous les oracles de la Grèce, et celui de Dodone, et celui de Delphes, et celui d'Amphiaraos, etc. »

Ailleurs il parle encore ainsi : « Vous pouvez voir Apollon de Delphes, illustre par les oracles qu'il rend au milieu de la Grèce. Il répond à ceux qui le consultent, comme vous le savez vous-même, en peu de paroles, et sans accompagner sa réponse de prodiges, quoiqu'il lui fût fort aisé de faire trembler le Parnasse, d'arrêter la course du Céphyse et de changer les eaux de Castalie en vin. Il vous dit simplement la vérité et ne s'amuse point à faire une montre inutile de son pouvoir. »

Il est assez plaisant que Philostrate prétende faire valoir son Apollon, parce qu'il n'était pas grand faiseur de miracles. Il pourrait y avoir en cet endroit-là quelque venin contre les chrétiens.

Nous avons vu comment, du temps de Plutarque, qui vivait sous Trajan, cet oracle était encore sur pied, quoique réduit à une seule prêtresse, après en avoir eu deux ou trois. Sous Adrien, Dion Chrysostome dit qu'il consulta l'oracle de Delphes, et il en rapporta une réponse qui lui parut assez embarrassée, et qui l'est effectivement.

Sous les Antonins, Lucien dit qu'un prêtre de Tyane alla demander à ce faux prophète Alexandre si les oracles qui se rendaient à Didyme, à Claros et à Delphes étaient véritablement des réponses d'Apollon ou des impostures. Alexandre eut des égards pour ces oracles, qui étaient de la nature du sien, et répondit aux prêtres qu'il n'était pas permis de savoir cela.

Mais quand cet habile prêtre demanda ce qu'il serait après sa mort, on lui répondit hardiment : « Tu seras chameau, puis cheval, puis philosophe, puis prophète aussi grand qu'Alexandre. »

Après les Antonins, trois empereurs se disputèrent l'empire : Severus Septimus, Pescennius Niger, Clodius Albinus.

« On consulta Delphes, dit Spartien, pour savoir lequel des trois la république devait souhaiter, et l'oracle répondit en un vers : Le noir est le meilleur, l'Africain est bon, le blanc est le pire. »

Par le noir on entendait Pescennius Niger, par l'Africain Sévère, qui était d'Afrique, et par le blanc Clodius Albinus. On demanda ensuite qui demeurerait le maître de l'empire, et il fut répondu : « On versera le sang du blanc et du noir, l'Africain gouvernera le monde. »

On demande encore combien de temps il gouvernerait, et il fut répondu : « Il montera sur la mer d'Italie avec vingt vaisseaux, si cependant un vaisseau peut traverser la mer » par où l'on entendit que Sévère régnerait vingt ans.

Il est vrai que l'oracle se réservait une restriction obscure pour se pouvoir sauver en cas de besoin ; mais enfin, dans le temps que Delphes était le plus florissant, il ne s'y rendait pas de meilleurs oracles que ceux-là.

On trouve cependant que Clément Alexandrin, dans son Exhortation aux Gentils, qu'il a composée ou sous Sévère ou à peu près en ce temps-là, dit nettement que la fontaine de Castalie, qui appartenait à l'oracle de Delphes, et celle de Colophon, et toutes les autres fontaines prophétiques, avaient enfin, quoique tard, perdu leurs vertus fabuleuses.

Peut-être en ce temps-là ces oracles tombèrent-ils dans un de ces silences auxquels ils étaient devenus sujets par intervalles ; peut-être parce qu'ils n'étaient plus guère en vogue, Clément Alexandrin aimait-il autant dire qu'ils ne subsistaient plus du tout.

Il est toujours certain que sous Constantius, père de Constantin, et pendant la jeunesse de Constantin, Delphes n'était pas encore ruiné, puisque Eusèbe fait dire à Constantin, dans sa Vie, que le bruit courait alors qu'Apollon avait rendu un oracle, non par la bouche d'une prêtresse, mais du fond de son obscure caverne, par lequel il disait que les hommes justes qui étaient en terre étaient cause qu'il ne pouvait plus dire vrai. Voilà un plaisant aveu. De plus, il fallait que l'oracle de Delphes fût alors bien misérable, puisqu'on en avait retranché la dépense d'une prêtresse.

Il reçut un terrible coup sous Constantin, qui commanda ou qui permit que l'on pillât Delphes.

« Alors, dit Eusèbe dans la Vie de Constantin, on produisit aux yeux du peuple, dans les places de Constantinople, ces statues, dont l'erreur des hommes avait fait si longtemps des objets de vénération et de culte. Ici, l'Apollon Pythien ; là, le Sminthien, les trépieds dans le cirque et les Muses Héliconides dans le palais, furent exposés aux railleries de tout le monde. »

L'oracle de Delphes se releva pourtant encore une fois. L'empereur Julien l'envoya consulter sur l'expédition qu'il méditait contre les Perses. Si l'oracle de Delphes a été plus loin, du moins nous ne pouvons pas pousser plus loin son histoire. Il n'en est plus parlé dans les livres ; mais, en effet, il y a bien de l'apparence que c'est là le temps où il cessa, et que ses dernières paroles s'adressèrent à l'empereur Julien, qui était si zélé pour le paganisme. Je ne sais pas trop bien comment de grands hommes ont pu mettre Auguste en la place de Julien, et avancer hardiment que l'oracle de Delphes avait fini par la réponse qu'il avait rendue à Auguste sur l'enfant hébreu.

Quelques auteurs modernes, qui ont trouvé cet oracle digne d'une fin éclatante, lui en ont fait une. Ils ont lu dans Sozomène et dans Théodore ! que, sous Julien, le feu avait pris au temple d'Apollon, qui était dans un faubourg d'Antioche, appelé Daphné, sans qu'on eût pu découvrir l'auteur ou la cause de cet incendie ; que les païens en accusaient les chrétiens, et que les chrétiens l'attribuaient à un foudre lancé de la main de Dieu. À la vérité, Théodoret dit que le tonnerre était tombé sur ce temple, mais Sozomène n'en parle point. Ces modernes se sont avisés de transporter cet événement au temple de Delphes, qui était fort éloigné de là, et de dire que, par une juste vengeance de Dieu, les foudres l'avaient renversé au milieu d'un grand tremblement de terre. Ce tremblement de terre, dont ni Sozomène ni Théodoret ne parlent dans l'incendie même de Daphné, a été mis là pour tenir compagnie aux foudres et pour honorer l'aventure.

Ce serait une chose ennuyeuse de faire l'histoire de la durée de tous les oracles depuis la naissance de Jésus-Christ ; il suffira de remarquer en quels temps on trouve que quelques-uns des principaux ont parlé pour la dernière fois dans la dernière occasion où les auteurs nous apprennent qu'ils aient parlé.

Dion, qui ne finit son histoire qu'à la huitième année d'Alexandre Sévère, c'est-à-dire l'an 230 de Jésus-Christ, dit que de son temps Amphilochus rendait encore des oracles en songes. Il nous apprend aussi qu'il y avait dans la ville d'Apollonie un oracle où l'avenir se déclarait par la manière dont le feu prenait à l'encens qu'on jetait sur un autel. Il n'était permis de faire à cet oracle des questions ni de mort ni de mariage. Ces restrictions bizarres étaient quelquefois fondées sur l'histoire particulière du dieu qui avait eu sujet, pendant sa vie, de prendre de certaines choses en aversion. Je crois aussi qu'elles pouvaient venir quelquefois du mauvais succès qu'avaient eu les réponses de l'oracle sur de certaines matières.

Sous Aurélien, vers l'an de Jésus-Christ 272, les Palmiréniens révoltés consultèrent un oracle d'Apollon Sarpédonien en Cilicie. Ils consultèrent encore celui de Vénus Aphacite, dont la forme était assez singulière pour mériter d'être rapportée ici. Aphaca est un lieu entre Héliopolis et Byblos. Auprès du temple de Vénus est un lac semblable à une citerne. À de certaines assemblées que l'on y fait dans des temps réglés, on voit dans ces lieux-là un feu en forme de globe ou de lampe, et ce feu, dit Zozime, s'est vu jusqu'à notre temps, c'est-à-dire jusque vers l'an de Jésus-Christ 400. On jette dans le lac des présents pour la déesse : il n'importe de quelle espèce ils soient. Si elle les reçoit, ils vont au fond ; si elle ne les reçoit pas, ils surnagent, fût-ce de l'argent ou de l'or. L'année qui précéda la ruine des Palmiréniens, leurs présents allèrent au fond, mais l'année suivante tout surnagea.

Licinius, ayant dessein de recommencer la guerre contre Constantin, consulta l'oracle d'Apollon de Didyme et en eut pour réponse deux vers d'Homère, dont le sens est : « Malheureux vieillard, ce n'est point à toi à combattre contre les jeunes gens ; tu n'as point de forces et ton âge t'accable. »

Un dieu assez inconnu, nommé Besa, dit Ammien Marcellin, rendait encore des oracles sur des billets, à Abydos, dans l'extrémité de la Thébaïde, sous l'empire de Constantius, car on envoya à cet empereur des billets qui avaient été laissés dans le temple de Besa, sur lesquels il commença à faire des informations très rigoureuses et jeta dans les prisons, ou envoya en exil, ou fit tourmenter cruellement un assez grand nombre de personnes. C'est que, par ces billets, on consultait le dieu sur la destinée de l'empire ou sur la durée que devait avoir le règne de Constantius, ou même sur le succès de quelque dessein que l'on formait contre lui.

Enfin Macrobe, qui vivait sous Arcadius et Honorius, fils de Théodose, parle du dieu d'Héliopolis de Syrie et de son oracle et des Fortunes d'Antium en des termes qui marque positivement que tout cela subsistait encore de son temps.

Remarquez qu'il n'importe pour notre dessein, que toutes ces histoires soient vraies, ni que ces oracles aient effectivement rendu les réponses qu'on leur attribue. On n'a pu attribuer de fausses réponses qu'à des oracles que l'on savait qui subsistaient encore effectivement, et les histoires que tant d'auteurs en ont débitées prouvent du moins que l'on ne croyait pas qu'ils eussent cessé.

CHAPITRE IV

Cessation générale des oracles avec celle du paganisme.

En général, les oracles n'ont cessé qu'avec le paganisme, et le paganisme ne cessa pas à la venue de Jésus-Christ.

Constantin abattit peu de temples, encore n'osa-t-il les abattre qu'en prenant le prétexte des crimes qui s'y commettaient. C'est ainsi qu'il fit renverser celui de Vénus Aphacite et celui d'Esculape qui était à Égès en Cilicie, tous deux temples à oracles. Mais il défendit que l'on sacrifiât aux dieux et commença à rendre, par cet édit, les temples inutiles.

On trouve des édits de Constantius et de Julien, alors Césars, par lesquels toute divination est défendue sous peine de la vie, non seulement celle des astrologues et des interprètes des songes et des magiciens, mais aussi celle des augures et des aruspices, ce qui donnait une grande atteinte à la religion des Romains. Il est vrai que les empereurs avaient un intérêt particulier à défendre toutes les divinations, parce qu'on ne faisait autre chose que s'enquérir de leur destinée et principalement des successeurs qu'ils devaient avoir, et tel se révoltait et prétendait à l'empire pour avoir été flatté par un devin.

Nous avons vu qu'il restait encore beaucoup d'oracles lorsque Julien se vit empereur ; mais de ceux qui étaient ruinés, il s'appliqua à en rétablir le plus qu'il put. Celui du faubourg de Daphné, par exemple, avait été détruit par Adrien, qui, pendant qu'il était encore particulier, ayant trempé une feuille dans la fontaine Castalienne (car il y en avait une de ce nom à Daphné aussi bien qu'à Delphes), avait trouvé sur cette feuille, en la retirant de l'eau, l'histoire de ce qui lui devait arriver et des avis de songer à l'empire. Il craignait, quand il fut empereur, que cet oracle ne donnât le même conseil à quelque autre, et il fit jeter dans la fontaine sacrée une grande quantité de pierres dont on la boucha. Il y avait beaucoup d'ingratitude dans ce procédé ; mais Julien, selon Ammien Marcellin, rouvrit la fontaine ; il fit ôter d'alentour les corps qui y étaient enterrés et purifia le lieu de la même manière dont les Athéniens avaient autrefois purifié l'île de Délos.

Julien fit plus, il voulut être prophète de l'oracle de Didyme. C'était le moyen de remettre en honneur la prophétie qui n'était plus guère estimée. Il était souverain pontife, puisqu'il était empereur ; mais les empereurs n'avaient pas coutume de faire grand usage de cette dignité sacerdotale. Pour lui, il prit la chose bien plus sérieusement, et nous voyons, dans une de ses lettres qui sont venues jusqu'à nous, qu'en qualité de souverain pontife, il défend à un prêtre païen de faire, pendant trois mois, aucune fonction de prêtre. La lettre qu'il écrivit à Arsace, pontife de la Galatie, nous apprend de quelle manière il se prenait à faire refleurir le paganisme. Il se félicite d'abord des grands effets que son zèle a produits en fort peu de temps. Il juge que le meilleur secret pour rétablir le paganisme est d'y transporter les vertus du christianisme, la charité pour les étrangers, le soin d'enterrer les morts et la sainteté de vie que les chrétiens, dit-il, feignent si bien. Il veut que ce pontife, par raison ou par menaces, oblige les prêtres de la Galatie à vivre régulièrement, à s'abstenir des spectacles et des cabarets, à quitter tous les emplois bas ou infâmes, à s'adonner uniquement, avec toute leur famille, au culte des dieux et avoir l'oeil sur les Galiléens pour réprimer leurs impiétés et leurs profanations. Il remarque qu'il est honteux que les juifs et les Galiléens nourrissent non seulement leurs pauvres, mais ceux des païens, et que les païens abandonnent les leurs et ne se souviennent plus que l'hospitalité et la libéralité sont des vertus qui leur sont propres, puisque Homère fait ainsi parler Eumée : « Mon hôte, quand il me viendrait quelqu'un moins considérable que toi, il ne me serait pas permis de ne le point recevoir. Tous viennent de la part de Jupiter, et étrangers et pauvres. Je donne peu, mais je donne avec joie. »

Enfin, il dit quelles distributions il a ordonné que l'on fasse tous les ans aux pauvres de la Galatie et il commande à ce pontife de faire bâtir dans chaque ville plusieurs hôpitaux où soient reçus non seulement les païens, mais aussi les autres. Il ne veut point que le pontife aille souvent voir les gouverneurs chez eux, mais seulement qu'il leur écrive, ni que les prêtres aillent au-devant d'eux quand ils entrent dans les villes, mais seulement quand ils viennent aux temples, encore ne veut-il pas qu'on les aille recevoir plus loin que le vestibule. Il défend à ces gouverneurs, dans cette occasion, de faire marcher devant eux des soldats, parce qu'alors ils ne sont que des personnes privées, mais il permet aux soldats de les suivre, s'ils veulent. Avec ses soins et cette imitation du christianisme, Julien, s'il eût vécu, eût apparemment retardé la ruine de sa religion, mais Dieu ne lui laissa pas achever deux années de règne.

Jovien, qui lui succéda, commençait à se porter avec zèle à la destruction du paganisme ; mais en sept mois qu'il régna, il ne put pas faire de grands progrès.

Valens, qui eut l'empire d'Orient, permit à chacun d'adorer tels dieux qu'il voudrait et prit plus à cœur de soutenir l'arianisme que le christianisme même. Aussi, pendant son règne, on immolait publiquement et on faisait publiquement des repas de victimes immolées. Ceux qui étaient initiés aux mystères de Bacchus les célébraient sans crainte ; ils couraient avec des boucliers, déchiraient des chiens et faisaient toutes les extravagances que cette dévotion demandait.

Valentinien, son frère, qui eut l'Occident, fut plus zélé pour la gloire du christianisme ; cependant, sa conduite ne fut pas aussi ferme qu'elle eût dû être. Il avait fait une loi par laquelle il défendait toutes les cérémonies nocturnes. Prétextatus, proconsul de la Grèce, lui représenta qu'en ôtant aux Grecs ces cérémonies auxquelles ils étaient très attachés, on leur rendait la vie tout à fait désagréable. Valentinien se laissa toucher et consentit que, sans avoir d'égard à sa loi, on pratiquât les anciennes coutumes. Il est vrai que c'est Zosime, un païen, de qui nous tenons cette histoire ; on peut dire qu'il l'a supposée pour donner à croire que les empereurs considéraient encore les païens. On peut répondre aussi que Zosime, dans l'état où étaient les affaires de sa religion, devait être plutôt d'humeur à se plaindre du mal qu'on ne lui faisait pas qu'à se louer d'une grâce qu'on ne lui aurait pas faite.

Ce qui est constant, c'est que l'on a des inscriptions et de Rome et d'autres villes d'Italie, par lesquelles il paraît que, sous l'empire de Valentinien, des personnes de grande considération firent les sacrifices nommés taurobolia et criobolia, c'est-à-dire aspersion de sang de taureau ou de sang de bélier. Il semble même, par la quantité des inscriptions, que cette cérémonie ait été principalement à la mode du temps de Valentinien et des deux autres empereurs du même nom.

Comme elle est une des plus bizarres et des plus singulières du paganisme, je crois qu'on ne sera pas fâché de la connaître. Prudence, qui pouvait l'avoir vue, nous la décrit assez au long.

On creusait une fosse assez profonde, où celui pour qui se devait faire la cérémonie descendait avec des bandelettes sacrées à la tête, avec une couronne, enfin avec tout un équipage mystérieux. On mettait sur la fosse un couvercle de bois percé de quantité de trous. On amenait sur ce couvercle un taureau couronné de fleurs et ayant les cornes et le front ornés de petites lames d'or. On regorgeait avec un couteau sacré ; son sang coulait par ces trous dans la fosse, et celui qui y était le recevait avec beaucoup de respect ; il y présentait son front, ses joues, ses bras, ses épaules, enfin toutes les parties de son corps et tâchait à n'en pas laisser tomber une goutte ailleurs que sur lui. Ensuite, il sortait de là hideux à voir, tout souillé de ce sang, ses cheveux, sa barbe, ses habits tout dégoûtants ; mais aussi il était purgé de tous ses crimes et régénéré pour l'éternité, car il paraît positivement, par les inscriptions, que ce sacrifice était pour ceux qui le recevaient une régénération mystique et éternelle.

Il fallait le renouveler tous les vingt ans, autrement il perdait cette force qui s'étendait dans tous les siècles à venir.

Les femmes recevaient cette régénération aussi bien que les hommes. On y associait qui l'on voulait, et, ce qui est encore plus remarquable, des villes entières la recevaient par députés.

Quelquefois on faisait ce sacrifice pour le salut des empereurs. Des provinces faisaient leur cour d'envoyer un homme se barbouiller, en leur nom, de sang de taureau pour obtenir à l'empereur une longue et heureuse vie. Tout cela est clair par les inscriptions.

Nous voici enfin, sous Théodose et ses fils, à la ruine entière du paganisme.

Théodose commença par l'Égypte, où il fit fermer tous les temples. Ensuite, il alla jusqu'à faire abattre celui de Sérapis, le plus fameux de toute l'Égypte

Selon Strabon, il n'y avait rien de plus gai dans toute la religion païenne que les pèlerinages qui se faisaient à Sérapis. « Vers le temps de certaines fêtes, dit-il, on ne saurait croire la multitude de gens qui descendent sur un canal d'Alexandrie à Canope où est ce temple. Jour et nuit, ce ne sont que bateaux pleins d'hommes et de femmes qui chantent et qui dansent avec toute la liberté imaginable. À Canope, il y a sur le canal une infinité d'hôtelleries qui servent à retirer ces voyageurs et à favoriser leurs divertissements. »

Aussi le sophiste Eunapius, païen, paraît avoir grand regret au temple de Sérapis et nous en décrit la fin malheureuse avec assez de bile. Il dit que des gens qui n'avaient jamais entendu parler de la guerre se trouvèrent pourtant fort vaillants contre les pierres de ce temple, et principalement contre les riches offrandes dont il était plein ; que dans ces lieux saints on plaça des moines, gens infâmes et inutiles, qui, pourvu qu'ils eussent un habit noir et malpropre, prenaient une autorité tyrannique sur l'esprit des peuples ; et que ces moines, au lieu des dieux que l'on voyait par les lumières de la raison, donnaient à adorer des têtes de brigands punis pour leurs crimes, qu'on avait salées afin de les conserver. C'est ainsi que cet impie traite les moines et les reliques. Il fallait que la licence fût encore bien grande du temps qu'on écrivait de pareilles choses sur la religion des empereurs. Rufin ne manque pas de nous marquer qu'on trouva le temple de Sérapis tout plein de chemins couverts et de machines disposées pour les fourberies des prêtres. Il nous apprend, entre autres choses, qu'il y avait à l'orient du temple une petite fenêtre par où entrait à certain jour un rayon du soleil qui allait donner sur la bouche de Sérapis. Dans le même temps on apportait un simulacre du soleil, qui était de fer, et qui, étant attiré par de l'aimant caché dans la voûte, s'élevait vers Sérapis. Alors, on disait que le soleil saluait ce Dieu ; mais quand le simulacre de fer retombait et que le rayon se retirait de dessus la bouche de Sérapis, le soleil lui avait assez fait sa cour, et il allait à ses affaires.

Après que Théodose eut défait le rebelle Eugène, il alla à Rome où tout le sénat tenait encore pour le paganisme. La grande raison des païens était que, depuis douze cents ans, Rome s'était fort bien trouvée de ses dieux, et qu'elle en avait reçu toutes sortes de prospérités. L'empereur harangua le sénat et l'exhorta à embrasser le christianisme ; mais on lui répondit toujours que, par l'usage et l'expérience, on avait reconnu le paganisme pour une bonne religion, et que si on le quittait pour le christianisme, on ne savait ce qui en arriverait. Voilà quelle était la théologie du sénat romain. Quand Théodose vit qu'il ne gagnait rien sur ces gens-là, il leur déclara que le fisc était trop chargé des dépenses qu'il fallait faire pour les sacrifices, et qu'il avait besoin de cet argent-là pour payer ses troupes. On eut 'beau lui représenter que les sacrifices n'étaient point légitimes s'ils ne se faisaient de l'argent public, il n'eut point d'égard à cet inconvénient.

Ainsi les sacrifices et les anciennes cérémonies cessèrent, et Zosime ne manque pas de remarquer que, depuis ce temps-là, toutes sortes de malheurs fondirent sur l'empire romain.

Le même auteur raconte qu'à ce voyage que Théodose fit à Rome, Serena, femme de Stilicon, voulut entrer dans le temple de la mère des dieux pour lui insulter, et qu'elle ne fit point de difficulté de s'accommoder d'un beau collier que la déesse portait. Une vieille vestale lui reprocha fort aigrement cette impiété et la poursuivit jusque hors du temple avec mille imprécations. Depuis cela, dit Zosime, la pauvre Serena eut souvent, soit en dormant, soit en veillant, une vision qui la menaçait de la mort.

Les derniers efforts du paganisme furent ceux que fit Symmaque pour obtenir des empereurs Valentinien, Théodose et Arcadius le rétablissement des privilèges des vestales et de l'autel de la Victoire dans le Capitole ; mais on sait avec quelle vigueur saint Ambroise s'y opposa.

Il paraît pourtant, par les pièces mêmes de ce fameux procès, que

Rome avait encore l'air extrêmement païen, car saint Ambroise demande à Symmaque s'il ne suffit pas aux païens d'avoir les places publiques, les portiques, les bains remplis de leurs simulacres, et s'il faut encore que leur autel de la Victoire soit placé dans le Capitole, qui est le lieu de la ville où il vient le plus de chrétiens.

« Afin que ces chrétiens, dit-il, reçoivent malgré eux la fumée des sacrifices dans leurs yeux, la musique dans leurs oreilles, les cendres dans leur gosier et l'encens dans leur nez. »

Mais lors même que Rome était assiégée par Alaric, sous Honorius, elle était encore pleine d'idoles. Zosime dit que, comme tout devait alors conspirer à la perte de cette malheureuse ville, non seulement on ôta aux dieux leurs parures, mais que l'on fondit quelques-uns de ces dieux, qui étaient d'or ou d'argent, et que de ce nombre fut la Vertu ou la Force, après quoi aussi elle abandonna entièrement les Romains. Zosime ne doutait pas que cette belle pointe ne renfermât la véritable cause de la prise de Rome.

On ne sait si, sur la foi de cet auteur, on peut recevoir l'histoire suivante. Honorius défendit à ceux qui n'étaient pas chrétiens de paraître à la cour avec un baudrier, ni d'avoir aucun commandement. Générid, païen, et même barbare, mais très brave homme, qui commandait les troupes de Pannonie et de Dalmatie, ne parut plus chez l'empereur, mit bas le baudrier et ne fit plus aucunes fonctions de sa charge. Honorius lui demandant un jour pourquoi il ne venait pas au palais en son rang, selon qu'il y était obligé, il lui représenta qu'il y avait une loi qui lui était le baudrier et le commandement. L'empereur lui dit que cette loi n'était pas pour un homme comme lui ; mais Générid répondit qu'il ne pouvait recevoir une distinction qui le séparait d'avec tous ceux qui professaient le même culte. En effet, il ne reprit point les fonctions de sa charge, jusqu'à ce que l'empereur, vaincu par la nécessité, eût lui-même rétracté sa loi. Si cette histoire est vraie, on peut juger qu'Honorius ne contribua pas beaucoup à la ruine du paganisme.

Mais enfin, tout l'exercice de religion païenne fut défendu, sous peine de la vie, par une constitution des empereurs Valentinien III et Martien, l'an 451 de Jésus-Christ. C'était là le dernier coup que l'on pût porter à cette fausse religion. On trouve pourtant que ces mêmes empereurs, qui étaient si zélés pour l'avancement du christianisme, ne laissaient pas de conserver quelques restes du paganisme, peut-être assez considérables. Ils prenaient, par exemple, le titre de souverains pontifes, et cela voulait dire souverains pontifes des augures, des aruspices, enfin de tous les collèges des prêtres païens et chefs de toute l'ancienne idolâtrie romaine.

Zosime prétend que le grand Constantin même, et Valentinien et Valens reçurent volontiers des pontifes païens, et ce titre et l'habit de cette dignité, qu'on leur allait offrir, selon la coutume, à leur avènement à l'empire ; mais que Gratien refusa l'équipage pontifical, et que quand on le rapporta aux pontifes, le premier d'entre eux dit tout en colère : « Si princeps non vult appellari pontifex, admodum brevi pont if ex Maximum fiet »[1]. C'est une pointe attachée aux mots latins et fondée sur ce que Maxime se révoltait alors contre Gratien pour le dépouiller de l'empire.

Mais un témoignage plus irréprochable sur ce chapitre-là que celui de Zosime, c'est celui des inscriptions. On y voit le titre de souverain pontife donné à des empereurs chrétiens ; et même dans le sixième siècle, deux cents ans après que le christianisme était monté sur le trône, l'empereur Justin, parmi toutes ses autres qualités, prend celle de souverain pontife dans une inscription qu'il avait fait faire pour la ville de Justinopolis, en Istrie, à laquelle il donnait son nom.

Être un des dieux d'une fausse religion, c'est encore bien pis que d'en être le souverain pontife. Le paganisme avait érigé les empereurs romains en dieux ; et pourquoi non ? Il avait bien érigé la ville de Rome en déesse. Les empereurs Théodose et Arcadius, quoique chrétiens, souffrent que Symmaque, ce grand défenseur du paganisme, les traite de votre divinité, ce qu'il ne pouvait dire que dans le sens et selon la coutume des païens ; et nous voyons des souscriptions en l'honneur d'Arcadius et d'Honorius qui portent : Un tel dévoué à leur divinité et à leur majesté.

Mais les empereurs chrétiens ne reçoivent pas seulement ces titres, ils se les donnent eux-mêmes. On ne voit autre chose dans les constitutions de Théodose, de Valentinien, d'Honorius et d'Anastase. Tantôt ils nomment leurs édits des statuts célestes, des oracles divins ;

tantôt ils disent très nettement : la très heureuse expédition de notre divinité, etc.

On peut dire que ce n'était là qu'un style de chancellerie ; mais c'était un fort mauvais style, ridicule pendant le paganisme même, et impie dans le christianisme ; et puis n'est-il pas merveilleux que de pareilles extravagances deviennent des manières de parler familières et communes, dont on ne peut plus se passer ?

La vérité est que la flatterie des sujets pour leurs maîtres et la faiblesse naturelle des princes pour les louanges maintinrent l'usage de ces expressions plus longtemps qu'il n'aurait fallu. J'avoue qu'il faut supposer et cette flatterie et cette faiblesse extrêmes, chacune dans son genre ; mais aussi ces deux choses-là n'ont-elles pas de bornes. On donne sérieusement à un homme le nom de Dieu ; cela n'est presque pas concevable, et ce n'est pourtant encore rien. Cet homme le reçoit : il le reçoit si bien, qu'il s'accoutume lui-même à se le donner : et cependant ce même homme avait une idée sainte de ce que c'est que Dieu. Ajustez-moi tout cela d'une manière qui sauve l'honneur de la nature humaine.

Quant au titre de souverain pontife, il n'était pas si flatteur que la vanité des empereurs chrétiens fût intéressée à se le conserver. Peut-être croyaient-ils qu'il leur servirait à tenir encore plus dans le respect ce qui restait de païens ; peut-être n'eussent-ils pas été fâchés de se rendre chefs de la religion chrétienne à la faveur de l'équivoque. En effet, on voit quelques occasions où ils en usaient assez en maîtres, et quelques-uns ont écrit que les empereurs avaient renoncé à ce titre par l'égard qu'ils avaient eu pour les papes, qui, apparemment, en craignaient l'abus.

Il n'est pas si surprenant de voir passer dans le christianisme, pour quelque temps, ces restes du paganisme, que de voir ce qu'il y avait dans le paganisme de plus extravagant, de plus barbare et de plus opposé à la raison et à l'intérêt commun des hommes, être le dernier à finir ; je veux dire les victimes humaines. Cette religion était étrangement bigarrée ; elle avait des choses extrêmement gaies et d'autres très funestes. Ici les dames vont dans un temple accorder, par dévotion, leurs faveurs aux premiers venus, et là, par dévotion, on égorge des hommes sur un autel. Ces détestables sacrifices se trouvent dans toutes les nations. Les Grecs les pratiquaient aussi bien que les Scythes, mais non pas à la vérité aussi fréquemment ; et les Romains qui, dans un traité de paix, avaient exigé des Carthaginois qu'ils ne sacrifieraient plus leurs enfants à Saturne, selon la coutume qu'ils en avaient reçue des Phéniciens leurs ancêtres, les Romains eux-mêmes immolaient tous les ans un homme à Jupiter Latial. Eusèbe cite Porphyre, qui le rapporte comme une chose qui était encore en usage de son temps. Lactance et Prudence, l'un du commencement et l'autre de la fin du quatrième siècle, nous en sont garants aussi, chacun pour le temps où il vivait. Ces cérémonies pleines d'horreur ont duré autant que les oracles, où il n'y avait tout au plus que de la sottise et de la crédulité.

---

1. Si l'empereur ne veut pas qu'on l'appelle pontife, c'est Maximus qui deviendra bientôt pontife.

CHAPITRE V

Que quand le paganisme n'eût pas dû être aboli, les oracles eussent pris fin. Première raison particulière de leur décadence.

L e paganisme a dû nécessairement envelopper les oracles dans sa ruine lorsqu'il a été aboli par le christianisme. De plus, il est certain que le christianisme, avant même qu'il fût encore la religion dominante, fit extrêmement tort aux oracles, parce que les chrétiens s'étudièrent à en désabuser les peuples et à en découvrir l'imposture : mais, indépendamment du christianisme, les oracles ne laissaient pas de déchoir beaucoup par d'autres causes, et à la fin ils eussent entièrement tombé.

On commence à s'apercevoir qu'ils dégénèrent dès qu'ils ne se rendent plus en vers. Plutarque a fait un traité exprès pour rechercher la raison de ce changement ; et, à la manière des Grecs, il dit sur ce sujet tout ce qu'on peut dire de vrai et de faux.

D'abord, c'est que le dieu qui agite la Pythie se proportionne à sa capacité, et ne lui fait point faire de vers si elle n'est pas assez habile pour en pouvoir faire naturellement. La connaissance de l'avenir est d'Apollon, mais la manière de l'exprimer est de la prêtresse. Ce n'est pas la faute du musicien s'il ne peut pas se servir d'une lyre comme d'une flûte ; il faut qu'il s'accommode à l'instrument. Si la Pythie donnait ses oracles par écrit, dirions-nous qu'ils ne viendraient pas d'Apollon, parce qu'ils ne seraient pas d'une assez belle écriture ? L'âme de la Pythie, lorsqu'elle se vient joindre à Apollon, est comme une jeune fille à marier, qui ne sait encore rien, et est bien éloignée de savoir faire des vers.

Mais pourquoi donc les anciennes Pythies parlaient-elles toutes en vers ? N'étaient-ce point alors des âmes vierges qui venaient se joindre à Apollon ? À cela Plutarque répond premièrement que les anciennes Pythies parlaient quelquefois en prose ; mais, de plus, que tout le monde anciennement était né poète. Dès que ces gens-là, dit-il, avaient un peu bu, ils faisaient des vers : ils n'avaient pas sitôt vu une jolie femme, que c'était des vers sans fin ; ils poussaient des sons qui étaient naturellement des chants. Ainsi, rien n'était plus agréable que leurs festins et leurs galanteries. Maintenant, ce génie poétique s'est retiré des hommes : il y a encore des amours aussi ardents qu'autrefois, même aussi grands parleurs ; mais ce ne sont que des amours en prose. Toute la compagnie de Socrate et de Platon, qui parlait tant d'amour, n'a jamais su faire des vers. Je trouve tout cela trop faux et trop joli pour y répondre sérieusement.

Plutarque rapporte une autre raison qui n'est pas tout à fait si fausse : c'est que, anciennement, il ne s'écrivait rien qu'en vers, ni sur la religion, ni sur la morale, ni sur la physique, ni sur l'astronomie. Orphée et Hésiode, que l'on connaît assez pour des poètes, étaient aussi des philosophes ; et Parménide, Xénophane, Empédocle, Eudoxe, Thalès, que l'on connaît assez pour des philosophes, étaient aussi des poètes. Il est assez surprenant que la prose n'ait fait que succéder aux vers, et qu'on ne se soit pas avisé d'écrire d'abord dans le langage le plus naturel ; mais il y a toutes les apparences du monde que, comme on n'écrivait alors que pour donner des préceptes, on voulut les mettre dans un discours mesuré, afin de les faire retenir plus aisément. Aussi les lois et la morale étaient-elles en vers. Sur ce pied-là, l'origine de la poésie est bien plus sérieuse que l'on ne croit d'ordinaire, et les Muses sont bien sorties de leur première gravité. Qui croirait que naturellement le Code pût être en vers et les contes de La Fontaine en prose ? Il fallait donc bien, dit Plutarque, que les oracles fussent autrefois en vers, puisqu'on y mettait toutes les choses importantes. Apollon voulut bien en cela s'accommoder à la mode. Quand la prose commença d'y être, Apollon parla en prose.

Je crois bien que, dans les commencements, on rendait les oracles en vers, et afin qu'ils fussent plus aisés à retenir, et pour suivre l'usage qui avait condamné la prose à ne servir qu'aux discours ordinaires. Mais les vers furent chassés de l'histoire et de la philosophie, qu'ils embarrassaient sans nécessité, à peu près sous le règne de Cyrus. Thalès, qui vivait en ce temps-là, fut des derniers philosophes poètes, et Apollon ne cessa de parler en vers que peu de temps avant Pyrrhus, comme nous l'apprenons de Cicéron, c'est-à-dire quelque deux cent trente ans après Cyrus. Il paraît par là qu'on retint les vers à Delphes le plus longtemps qu'on put, parce qu'on avait reconnu qu'ils convenaient à la dignité des oracles ; mais qu'enfin on fut obligé de se réduire à la simple prose.

Plutarque se moque quand il dit que les oracles se rendirent en prose parce qu'on y demanda plus de clarté et qu'on se désabusa du galimatias mystérieux des vers. Soit que les dieux mêmes parlassent, soit que ce ne fussent que les prêtres, je voudrais bien savoir si l'on pouvait obliger les uns ou les autres à parler plus clairement.

Il prétend, avec plus d'apparence, que les vers prophétiques se décrièrent par l'usage qu'en faisaient de certains charlatans, que le menu peuple consultait le plus souvent dans les carrefours. Les prêtres des temples ne voulurent avoir rien de commun avec eux, parce qu'ils étaient des charlatans plus nobles et plus sérieux, ce qui fait une grande différence dans ce métier-là.

Enfin, Plutarque se résout à nous apporter la véritable raison. C'est qu'autrefois on ne venait consulter Delphes que sur des choses de la dernière importance, sur des guerres, sur des fondations de villes, sur les intérêts des rois et des républiques. Présentement, dit-il, ce sont des particuliers qui viennent demander à l'oracle s'ils se marieront, s'ils achèteront un esclave, s'ils réussiront dans le trafic ; et lorsque des villes y envoient, c'est pour savoir si leurs terres seront fertiles ou si leurs troupeaux multiplieront. Ces demandes-là ne valent pas la peine qu'on y réponde en vers ; et si le dieu s'amusait à en faire, il faudrait qu'il ressemblât à ces sophistes qui font parade de leur savoir, lorsqu'il n'en est nullement question.

Voilà effectivement ce qui servit le plus à ruiner les oracles. Les Romains devinrent maîtres de toute la Grèce et des empires fondés par les successeurs d'Alexandre. Dès que les Grecs furent sous la domination des Romains, dont ils n'espérèrent pas de pouvoir sortir, la Grèce cessa d'être agitée par les divisions continuelles qui régnaient entre tous ces petits États, dont les intérêts étaient si brouillés. Les maîtres communs calmèrent tout, et l'esclavage produisit la paix. Il me semble que les Grecs n'ont jamais été si heureux qu'ils le furent alors. Ils vivaient dans une profonde tranquillité et dans une oisiveté entière ; ils passaient les journées dans leurs parcs des exercices, à leurs théâtres, dans leurs écoles de philosophie. Ils avaient des jeux, des comédies, des disputes et des harangues ; que leur fallait-il de plus selon leur génie ?

Mais tout cela fournissait peu de matière aux oracles, et l'on n'était pas obligé d'importuner souvent Delphes. Il était assez naturel que les prêtres ne se donnassent plus la peine de répondre en vers quand ils virent que leur métier n'était pas si bon qu'il l'avait été.

Si les Romains nuisirent beaucoup aux oracles par la paix qu'ils établirent dans la Grèce, ils lui nuisirent encore plus par le peu d'estime qu'ils en faisaient. Ce n'était point là leur folie. Ils ne s'attachaient qu'à leurs livres sibyllins et à leurs divinations étrusques, c'est-à-dire aux aruspices et aux augures. Les maximes et les sentiments d'un peuple qui domine passent aisément dans les autres peuples ; et il n'est pas surprenant que les oracles, étant une invention grecque, aient suivi la destinée de la Grèce, qu'ils aient été florissants avec elle et qu'ils aient perdu avec elle leur premier éclat.

Il faut pourtant convenir qu'il y avait des oracles dans l'Italie. Tibère, dit Suétone, alla à l'oracle de Gérion, auprès de Padoue. Là était une certaine fontaine d'Apollon, qui, si l'on en veut croire Claudien, rendait la parole aux muets et guérissait toutes sortes de maladies.

Suétone dit encore que Tibère voulait ruiner les oracles qui étaient proches de Rome, mais qu'il en fut détourné par le miracle des sorts de Préneste, qui ne se trouvèrent point dans un coffre bien fermé et bien scellé où il les avait fait apporter de Préneste à Rome, et qui se retrouvèrent dans ce même coffre dès qu'on les eut reportés à Préneste.

À ces sorts de Préneste et à ceux d'Antium, il y faut ajouter les sorts du temple d'Hercule, qui était à Tibur.

Pline le Jeune décrit ainsi l'oracle de Clytomne, dieu d'un fleuve d'Ombrie : « Le temple est ancien et fort respecté. Clytomne est là habillé à la romaine. Les sorts marquent la présence et le pouvoir de la divinité. Il y a à l'entour plusieurs petites chapelles, dont quelques-unes ont des fontaines et des sources ; car Clytomne est comme le père de plusieurs autres petits fleuves qui viennent se joindre à lui. Il y a un pont qui fait la séparation de la partie sacrée de ses eaux d'avec la profane. Au-dessus de ce pont on ne peut qu'aller en bateau ; au-dessous, il est permis de se baigner. »

Je ne crois point connaître d'autre fleuve que celui-là qui rende des oracles ; ce n'était guère leur coutume.

Mais dans Rome même, il y avait des oracles. Esculape n'en rendait-il pas dans son temple de l'île du Tibre ? On a trouvé à Rome un morceau d'une table de marbre où sont en grec les histoires des trois miracles d'Esculape. En voici le plus considérable, traduit mot à mot sur l'inscription : « En ce même temps il rendit un oracle à un aveugle nommé Caïus : il lui dit qu'il allât au saint autel, qu'il s'y mît à genoux et y adorât ; qu'ensuite il allât du côté droit au côté gauche, qu'il mît les cinq doigts sur l'autel, et enfin qu'il portât sa main sur ses yeux. Après tout cela, l'aveugle vit ; le peuple en fut témoin et marqua la joie qu'il avait de voir arriver de si grandes merveilles sous notre empereur Antonin. »

Les deux autres guérisons sont moins surprenantes. : ce n'était qu'une pleurésie et une perte de sang, désespérées l'une et l'autre, à la vérité ; mais le dieu avait ordonné à ses malades des pommes de pin avec du miel, et du vin, avec de certaines cendres, qui sont des choses que les incrédules peuvent prendre pour de vrais remèdes.

Ces inscriptions, pour être grecques, n'en ont pas été moins faites à Rome. La forme des lettres et l'orthographe ne paraissent pas être de la main d'un sculpteur grec. De plus, quoiqu'il soit vrai que les Romains faisaient leurs inscriptions en latin, ils ne laissaient pas d'en faire quelques-unes en grec, principalement lorsqu'il y avait pour cela quelque raison particulière. Or, il est assez vraisemblable qu'on ne se servit que de la langue grecque dans le temple d'Esculape, parce que c'était un dieu grec, et qu'on avait fait venir de Grèce pendant cette grande peste, dont tout le monde sait l'histoire.

Cela même nous fait voir que cet oracle d'Esculape n'était pas d'institution romaine, et je crois qu'on trouverait aussi à la plupart des oracles d'Italie une origine grecque, si l'on voulait se donner la peine de la chercher.

Quoi qu'il en soit, le petit nombre d'oracles qui étaient en Italie, et même à Rome, ne fait qu'une exception très peu considérable à ce que nous avons avancé. Esculape ne se mêlait que de la médecine et n'avait nulle part au gouvernement. Quoiqu'il sût rendre la vue aux aveugles, le sénat ne se fût pas fié à lui pour la moindre affaire. Parmi les Romains, les particuliers pouvaient avoir foi aux oracles, s'ils voulaient, mais l'État n'y en avait point. C'étaient les sibylles et les entrailles des animaux qui gouvernaient, et une infinité de dieux tombèrent dans le mépris, lorsqu'on vit que les maîtres de la terre ne daignaient pas les consulter.

CHAPITRE VI

Seconde cause particulière de la décadence des oracles.

Il y a ici une difficulté que je ne dissimulerai pas. Dès le temps de Pyrrhus, Apollon était réduit à la prose, c'est-à-dire que les oracles commençaient à déchoir ; et cependant les Romains ne furent maîtres de la Grèce que longtemps après Pyrrhus ; et depuis Pyrrhus jusqu'à l'établissement de la domination romaine dans la Grèce, il y eut en tout ce pays-là autant de guerres et de mouvements que jamais, et autant de sujets importants d'aller à Delphes.

Cela est très vrai. Mais aussi du temps d'Alexandre, et un peu avant Pyrrhus, il se forma dans la Grèce de grandes sectes de philosophes qui se moquaient des oracles, les cyniques, les péripatéticiens, les épicuriens. Les épicuriens surtout ne faisaient que plaisanter des méchants vers qui venaient de Delphes, car les prêtres les faisaient comme ils pouvaient ; souvent même péchaient-ils contre les règles de la mesure, et ces philosophes railleurs trouvaient fort mauvais qu'Apollon, le dieu de la poésie, fût infiniment au-dessous d'Homère, qui n'avait été qu'un simple mortel inspiré par Apollon même.

On avait beau leur répondre que la méchanceté même des vers marquait qu'ils partaient d'un dieu qui avait un noble mépris pour les règles ou pour la beauté du style, les philosophes ne se payaient point de cela, et, pour tourner cette réponse en ridicule, ils rapportaient l'exemple de ce peintre à qui on avait demandé un tableau d'un cheval qui se roulât à terre sur le dos. Il peignit un cheval qui courait, et, quand on lui dit que ce n'était pas là ce qu'on lui avait demandé, il renversa le tableau et dit : « Ne voilà-t-il pas le cheval qui se roule sur le dos ? »

C'est ainsi que ces philosophes se moquaient de ceux qui, par un certain raisonnement qui se renversait, eussent conclu également que les vers étaient d'un dieu, soit qu'ils eussent été bons, soit qu'ils eussent été méchants.

Il fallut enfin que les prêtres de Delphes, accablés des plaisanteries de tous ces gens-là, renonçassent aux vers, du moins pour ce qui se prononçait sur le trépied, car hors de là il y avait dans le temple des poètes, qui de sang-froid mettaient en vers ce que la fureur divine n'avait inspiré qu'en prose à la Pythie. N'est-il pas plaisant qu'on ne se contentât point de l'oracle tel qu'il était sorti de la bouche du dieu ? Mais apparemment des gens qui venaient de loin eussent été honteux de ne reporter chez eux qu'un oracle en prose.

Comme on conservait l'usage des vers le plus qu'il était possible, les dieux ne dédaignaient point de se servir quelquefois de quelques vers d'Homère, dont la versification était assurément meilleure que la leur. On en trouve assez d'exemples ; mais ces vers empruntés, et les poètes gagés des temples, doivent passer pour autant de marques que l'ancienne poésie naturelle des oracles s'était fort décriée.

Ces grandes sectes de philosophes, contraires aux oracles, durent leur faire un tort plus essentiel que celui de les réduire à la prose. Il n'est pas possible qu'ils n'ouvrissent les yeux à une partie des gens raisonnables, et qu'à l'égard du peuple même ils ne rendissent la chose un peu moins certaine qu'elle n'était auparavant. Quand les oracles avaient commencé à paraître dans le monde, heureusement pour eux la philosophie n'y avait point encore paru.

CHAPITRE VII

Dernières causes particulières de la décadence des oracles.

La fourberie des oracles était trop grossière pour n'être pas enfin découverte par mille différentes aventures.

Je conçois qu'on reçut d'abord les oracles avec avidité et avec joie, parce qu'il n'était rien de plus commode que d'avoir des dieux toujours prêts à répondre sur tout ce qui causait de l'inquiétude ou de la curiosité. Je conçois qu'on ne dut renoncer à cette commodité qu'avec beaucoup de peine, et que les oracles étaient de nature à ne devoir jamais finir dans le paganisme, s'ils n'eussent pas été la chose la plus impertinente du monde ; mais enfin, à force d'expérience, il fallut bien s'en désabuser.

Les prêtres y aidèrent beaucoup par l'extrême hardiesse avec laquelle ils abusaient de leur faux ministère. Ils croyaient avoir mis les choses au point de n'avoir besoin d'aucun ménagement.

Je ne parle point des oracles de plaisanteries qu'ils rendaient quelquefois. Par exemple, un homme qui venait demander aux dieux ce qu'il devait faire pour devenir riche, ils lui répondaient agréablement « qu'il n'avait qu'à posséder tout ce qui est entre les villes de Sicyone et de Corinthe. » Aussi badinait-on quelquefois avec eux.

Polémon dormant dans le temple d'Esculape pour apprendre de lui le moyen de se guérir de la goutte, le dieu lui apparut et lui dit : « Qu'il s'abstînt de boire froid. » Polémon lui répondit : « Que ferais-tu donc, mon bel ami, si tu avais à guérir un bœuf ? » Mais ce ne sont là que des gentillesses de prêtres qui s'égayaient quelquefois, et avec qui on s'égayait aussi.

Ce qui est le plus essentiel, c'est que les dieux ne manquaient jamais de devenir amoureux des belles femmes ; il fallait qu'on les envoyât passer des nuits dans les temples, parées de la main même de leurs maris, et chargées de présents pour payer le dieu de ses peines. À la vérité, on fermait bien les temples à la vue de tout le monde, mais on ne garantissait point aux maris le chemin souterrain.

Pour moi, j'ai peine à concevoir que de pareilles choses aient pu être pratiquées seulement une fois. Cependant Hérodote nous assure qu'au huitième et dernier étage de cette superbe tour du temple de Bélus à Babylone, était un lit magnifique où couchait toutes les nuits une femme choisie par le dieu. Il s'en faisait autant à Thèbes en Égypte et quand la prêtresse de l'oracle de Patare en Lycie devait prophétiser, il fallait auparavant qu'elle couchât seule dans le temple où Apollon venait l'inspirer.

Tout cela s'était pratiqué dans les plus épaisses ténèbres du paganisme, et dans un temps où les cérémonies païennes n'étaient pas sujettes à être contredites ; mais à la vue des chrétiens, le Saturne d'Alexandrie ne laissait pas de faire venir les nuits dans son temple telle femme qu'il lui plaisait de nommer par la bouche de Tyrannus, son prêtre. Beaucoup de femmes avaient reçu cet honneur avec grand respect, et on ne se plaignait point de Saturne, quoiqu'il soit le plus âgé et le moins galant des dieux. Il s'en trouva une à la fin qui, ayant couché dans le temple, fit réflexion qu'il ne s'y était rien passé que de fort humain, et dont Tyrannus n'eût été assez capable. Elle en avertit son mari, qui fit faire le procès à Tyrannus. Le malheureux avoua tout, et Dieu sait quel scandale dans Alexandrie !

Les crimes des prêtres, leur insolence, divers événements qui avaient fait paraître au jour leurs fourberies, l'obscurité, l'incertitude et la fausseté de leurs réponses, auraient donc encore décrédité les oracles et en auraient causé la ruine entière, quand même le paganisme n'aurait pas dû finir.

Mais il s'est joint à cela des causes étrangères : d'abord de grandes sectes de philosophes grecs qui se sont moqués des oracles, ensuite les Romains qui n'en faisaient point d'usage ; enfin les chrétiens qui les détestaient, et qui les ont abolis avec le paganisme.

SUR FONTENELLE
PAR REMY DE GOURMONT

Fontenelle est comme une image anticipée, très vague et très pâle, de Voltaire. Il n'a laissé qu'un nom. Aucun de ses écrits ne peut être proposé en lecture aux hommes d'aujourd'hui, qui ne sont ni des curieux ni des lettrés de profession. Il brilla surtout dans la critique scientifique, genre entre tous fugitif, rien ne se déplaçant plus rapidement que la science. Par bonheur, cependant, il s'occupa d'astronomie, ordre de connaissance immuable, comme la marche des astres : sa *Pluralité des mondes* se lirait encore si l'ouvrage n'avait été refait, bien des fois depuis, et en dernier lieu par M. Flammarion. C'est un petit livre spirituel et toujours exact dans l'ensemble, mais le ton de galanterie et de badinage nous semble aujourd'hui s'accommoder bien mal avec l'astronomie.

On n'en jugeait pas de même en 1686. Les cartésiens, peu spirituels, commençaient à fatiguer. Fontenelle fut accueilli avec reconnaissance; enfin la science se faisait aimable; l'astronomie parut plus gaie que les romans mêmes, qui ne l'étaient à la vérité guère, car on était toujours à Mademoiselle de Scudéry et le futur auteur de *Gil Blas* n'avait pas vingt ans. Dès la première page de ce livre au titre piquant, *Entretiens sur la pluralité des mondes*, les femmes étaient prises, car il début par des réflexions, à propos du jour et de la nuit, sur les mérites comparés, des brunes et des blondes. Tout au long des entretiens, il décoche à son interlocutrice, la marquise, les traits les plus galants et ses arguments scientifiques eux-mêmes ont quelque chose de tendre. S'il adopte résolument le système de Copernic, c'est qu'il est « plus uniforme et plus riant »; sa simplicité persuade « et sa hardiesse fait plaisir ».

Fontenelle commence, selon le mot si heureux de J. Bertrand, à promener sur la science son éternel sourire. Mais c'était un sourire calculé, un sourire de coquette. Indifférent à tout le reste, Fontenelle veut plaire : aux femme comme aux savants, aux hommes du monde comme aux ecclésiastiques. Il n'est pas un parti qu'il ne ménage. Veut-on de la hardiesse caustique à la Bayle ? Voici l'*Histoire des Oracles,* pour imiter *Les Pensées sur la comète*, mais la gouaillerie laborieuse de Bayle est devenue de la facile ironie de salon. Il a imité Voiture et La Fontaine, Corneille et Fénelon, et même Pascal, car il lui vint à l'idée, un beau jour, de rédiger une sorte de sermon mystique *Sur la patience*, où il invoque le Verbe incarné, tout comme M. de Bérulle ou un vieux solitaire de Port-Royal. Fontenelle était un habile homme, et il ne manque à sa gloire que de n'avoir point écrit de tragédies.

Un écrivain si intelligent, si fin, si avisé, et qui se cherche avec persévérance, doit finir par se trouver. La rencontre eut lieu à l'Académie des sciences. En comparant l'état des connaissances humaines avec les états précédents, Fontenelle découvrit non pas précisément l'idée de progrès, qui n'est qu'une illusion, mais l'idée de croissance. Il vit assez bien que l'humanité, à force de vivre, prend de l'expérience et aussi de la consistance. Dans la querelle des Anciens et des Modernes, Fontenelle a presque toujours raison; du moins oppose-t-il à des impressions purement esthétiques une théorie presque scientifique. Contestable dans le domaine littéraire, où la loi du développement continu se fait assez mal sentir, l'idée de la croissance intellectuelle de l'humanité était, dans l'ordre des sciences, tout à fait évidente, encore qu'il y eût, à ce moment, plutôt des savants que de la science. Mais il y avait des savants partout et partout des esprits curieux de ce que trouvaient les savants. Pour se faire une idée de la fièvre de connaissance qui régnait alors en Europe, il faut lire les *Voyages* de Monconys; il faut peut-être les lire aussi pour comprendre l'accueil que reçurent dans le monde entier les premiers essais de Fontenelle dans la philosophie scientifique.

Progrès ne voulut pas dire autre chose d'abord qu'avancement, marche dans l'espace et dans le temps, avec ce qu'implique d'heureux un état de constante activité. Plus tard, on donna à ce mot le sens d'amélioration continue (Turgot), indéfinie (Condorcet) et il devint ridicule. L'idée d'évolution qui a remplacé l'idée de progrès ne comporte aucunement l'idée d'amélioration, l'évolution pouvant tout aussi bien être régressive que progressive. En comparant l'humanité à un être qui naît, qui passe par l'enfance, la jeunesse, la maturité, la vieillesse, et qui aboutit nécessairement à la mort, Fontenelle, tout en soutenant que le monde arrivait à peine à la maturité, admettait implicitement une future régression. Sa métaphore éloignait toute idée de progrès indéfini, mais elle affirmait un progrès évident du passé au présent, et aussi du présent vers un futur immédiat. Il prédisait, pour une assez brève échéance, une certaine solidarité des sciences; il voyait très bien les dépendances mutuelles de toutes nos connaissances, et il annonçait le jour où l'on reconnaîtrait qu'il n'y a pour ainsi dire qu'une science unique. Ce jour n'est pas encore arrivé, mais on l'attend.

M. A. Laborde fait honneur à Fontenelle de ces trois idées :

1. Que tout dans la nature est soumis à des lois;

2. Que toutes les sciences se tiennent et se pénètrent, n'étant respectivement que les cas particuliers d'une science unique;

3. Que cette science unique ne doit être que la coordination de tous les phénomènes par des rapports mathématiques.

Je laisse le troisième point qui, dans Fontenelle, ne semble pas avoir la profondeur que l'on pourrait lui soupçonner. C'est la manie du nombre et de la géométrie, qui devait faire tant de ravages dans l'intelligence des Français du temps de d'Alembert et les porter insensiblement à ne considérer que les quantités en faisant abstraction des qualités, et la seule courbe des mouvements sans considérer le milieu où ils s'opèrent. L'aboutissement de Fontenelle, c'est toujours Condorcet (qui fit semblant, lui aussi, d'aimer Pascal); mais Fontenelle est intelligent et Condorcet ne l'est presque plus.

D'ailleurs, à prendre à la lettre l'aphorisme que formule M. A.

Laborde, il n'a aucune originalité; c'est du Descartes tout pur. Bien plus, c'est la méthode cartésienne elle-même et non pas seulement dans ses principes, mais dans ses applications. Avant tout, Descartes avait posé qu'il doit y avoir une science générale qui explique tout. Cette science, c'est la géométrie, telle qu'il la concevait, c'est-à-dire la « mathématique universelle ». Une telle conception prise à la lettre aurait pu arrêter toute la science expérimentale : elle ne fit de ravages sérieux que dans la philosophie sociale. Fontenelle n'a probablement rien compris à la portée du principe de Descartes qu'il se borne à énoncer en termes tellement clairs que les plus naïfs encyclopédistes, les La Mettrie, par exemple, le comprirent aussitôt et en tirèrent des extravagances, dont Descartes leur avait d'ailleurs donné la formule avec son animal-machine.

Les deux autres points de la doctrine attribuée à Fontenelle ne lui appartiennent pas davantage; mais il a pu se les approprier avec plus de décence, parce qu'ils sont plus aisés à comprendre.

L'idée que le monde est régi par des lois est encore une idée cartésienne, ou, du moins, une des idées incorporées par Descartes dans sa philosophie. Ces lois, il les réduit d'ailleurs à une seule, celle du mouvement. Le monde n'est pour lui qu'un vaste mécanisme. Il ne voit qu'une seule puissance, la puissance dynamique; mais cette simplification même affirme que l'idée de loi lui était familière : et, en somme, si on l'écartait de la philosophie cartésienne, il ne resterait qu'un chaos.

Quant au second point, touchant l'unité des sciences, Fontenelle l'a également trouvé dans Descartes. Il l'aurait presque aussi bien trouvé dans Bacon qui a dit : « Il n'y a de science réelle que la physique; tout le reste est illusion »; - et encore : « Il faut ramener à la physique toutes les sciences particulières...; cette règle embrasse tout. »[1]

Mais la formule de Descartes est bien plus nette : « Toutes les sciences réunies ne sont rien autre chose que l'intelligence humaine, toujours une, toujours la même, si variés que soient les sujets auxquels elle s'applique. » Elle a un autre mérite, c'est de présenter en même temps la plus claire définition de l'idéalisme scientifique.

M. A. Laborde, pressé de faire l'éloge de son personnage, s'est donc bien hâté de lui attribuer des idées qu'il s'était borné à mettre en langage aimable, et, si l'on veut, à vulgariser. Fontenelle fut toujours un fervent cartésien; mais ce n'est pas lui qui a écrit le *Discours de la méthode*. On finirait par le croire, si l'on prenait à la lettre les affirmations de son biographe.

M. Laborde cite encore, comme une idée « étonnante pour l'époque », ce passage de Fontenelle : « Tous les animaux qui paraissent venir ou de pourriture ou de poussière humide et échauffée ne viennent que de semences que l'on n'avait pas aperçues... Jamais il ne s'engendra de vers sur la viande où les mouches n'ont pu laisser de leurs œufs. Il en va de même de tous les autres animaux que l'on croit qui naissent hors de la voie de génération, etc. »

En quoi est-ce « étonnant pour l'époque »? Ce n'est que la conclusion d'expériences faites alors un peu partout, notamment en Angleterre, sur la génération spontanée. Monconnys en parle dans son *Voyage en Angleterre* avec une grande précision[2]. Le petit paragraphe de Fontenelle, loin d'être « étonnant pour l'époque », n'est, au contraire, que l'écho d'une des grandes préoccupations de l'époque.

Ce qu'il faut admirer dans Fontenelle, c'est son sens critique. Entre toutes les idées dont il prend connaissance, il ne retient, pour les développer, que celles qui ont une valeur. Sans doute, son éclectisme lui a fait souvent donner une place égale à deux idées contradictoires; mais c'est qu'il les jugeait provisoirement de même force. Quand il découvre Newton, il n'abandonne pas Descartes, en quoi il est plus prudent que Voltaire. Cependant une certaine ardeur, même dans la critique, est plus séduisante que le froid sourire de Fontenelle. Cet homme fut vraiment trop raisonnable.

---

1. Cf. R. de Gourmont, Promenades philosophiques, Paris, 1905, p. 23.
2. Voir Revue des idées, tome I, p. 719; et, plus haut, p. 210.

Copyright © 2020 par FV Éditions
Image de la couverture : canva.com
ISBN Ebook : 9791029910258
ISBN Livre broché : 9798560985141
ISBN Livre relié : 9791029910265
Tous Droits Réservés

Également Disponible

LES PRINCIPES DE
LA CONNAISSANCE HUMAINE

www.ingramcontent.com/pod-product-compliance
Lightning Source LLC
LaVergne TN
LVHW091545070526
838199LV00002B/209